中国反洗钱报告

China Anti-Money Laundering Report

2023

中国人民银行

中国金融出版社

责任编辑：王慧荣
责任校对：卓　越
责任印制：丁淮宾

图书在版编目（CIP）数据

中国反洗钱报告.2023/中国人民银行编.－－北京：中国金融出版社，2025.2
－－ISBN 978－7－5220－2675－6

Ⅰ.D924.334

中国国家版本馆CIP数据核字第2024W3Z562号

中国反洗钱报告.2023
ZHONGGUO FANXIQIAN BAOGAO.2023

出版
发行　　**中国金融出版社**

社址　　北京市丰台区益泽路2号
市场开发部　　（010）66024766，63805472，63439533（传真）
网 上 书 店　　www.cfph.cn
　　　　　　　（010）66024766，63372837（传真）
读者服务部　　（010）66070833，62568380
邮编　　100071
经销　　新华书店
印刷　　天津市银博印刷集团有限公司
尺寸　　210毫米×285毫米
印张　　5.75
字数　　97千
版次　　2025年2月第1版
印次　　2025年2月第1次印刷
定价　　80.00元
ISBN 978－7－5220－2675－6
如出现印装错误本社负责调换　联系电话（010）63263947

《中国反洗钱报告2023》
编委会

主　　编：宣昌能

副 主 编：巢克俭　　包明友

编　　委：杨　柳　　王　静　　张　雁　　朱　红　　孟　慧
　　　　　魏　丽　　陈学勇　　贝金欣　　孙　磊　　张宏伟
　　　　　陈小勇　　朱　辇　　周　韬　　王　和　　金　鑫
　　　　　南　军　　段　睿　　胡家夫　　刘晓东　　黄　卉

编写人员：龚静燕　　杨大立　　叶庆国　　张　怡　　罗　强
　　　　　拓　扬　　吴　云　　查　宏　　陈熙男　　李　庆
　　　　　曹作义　　徐启鹏　　陈　玲　　杨　杰　　韩　晴
　　　　　邓晓卓　　李晓明　　孔繁颖　　向　路　　邓　智
　　　　　刘晓娜　　李培东　　秦　伟　　陈新旺　　龚　璐
　　　　　王　拓　　李　凯　　张　猛　　张　超　　孙瑞云
　　　　　邱　颖　　曹思翀　　王永慧　　俞志杰　　袁　鉴
　　　　　王明科　　智　行　　陈　骥　　孙玉洁　　程绍华
　　　　　李　娜　　武　婧　　李洁媚　　陶林同　　孙靖人
　　　　　王英恺　　韦远翔　　范竞存　　韩　帅　　陶　瑞
　　　　　潘依婷　　高　月　　杨　杭　　张　玥　　方　洲
　　　　　贾　鑫　　蒙嘉莹　　严胜男　　叶航天

序　言

2023年是全面贯彻党的二十大精神的开局之年，中国人民银行以习近平新时代中国特色社会主义思想为指导，会同反洗钱工作部际联席会议各成员单位坚决贯彻落实党中央、国务院决策部署，奋力推动反洗钱工作高质量发展再上新台阶。

一是反洗钱国际评估工作取得新成效，历时4年整改，我国第四轮反洗钱国际评估工作圆满结束。二是反洗钱法律制度体系完善取得显著进展，密切配合司法部，积极推动《反洗钱法》修订草案上报并提请国务院常务会议审议，推动《受益所有人信息管理办法》完成国务院审批。三是风险为本反洗钱监管模式基本形成，监管统筹力度进一步加强，《风险为本反洗钱监管指引（试行）》正式发布，金融行业洗钱风险识别机制逐步完善。四是反洗钱监测分析成效进一步凸显，监测分析、数据采集和治理能力全面提升，反洗钱监测综合统计体系建设持续推进。五是扎实推进打击治理洗钱违法犯罪三年行动取得重要阶段性进展。六是切实加强反洗钱国际合作，深度参与反洗钱国际标准制定，积极参加中美金融工作组磋商，成功举办欧亚反洗钱和反恐怖融资组织（EAG）第三十九届全会。

2024年是新中国成立75周年，是推动我国金融高质量发展的关键之年，反洗钱工作坚持以习近平新时代中国特色社会主义思想为指导，全面贯彻党的二十大、二十届二中及三中全会、中央经济工作会议和中央金融工作会议精神，坚持稳中求进工作总基调，在中央金融委员会统筹指导下，按照中国人民银行工作会议和总行党委决策部署，坚持系统观念、坚持守正创新、坚持以人民为中心，持续完善反洗钱法律制度体系，不断强化工作协调机制建设，全面实施风险为本监管，切实推动打击洗钱犯罪工作，积极准备迎接第五轮反洗钱国际评估，进一步发挥反洗钱在建设金融强国和中国特色现代金融体系、维护国家安全与金融安全、推进国家治理体系和治理能力现代化、支持金融业高水平双向开放等方面的重要作用。

二〇二四年十二月

目　录

第一部分
反洗钱工作综述

- 完成第四轮反洗钱国际评估并积极准备第五轮评估
- 反洗钱制度建设和协调机制建设取得实质进展
- 反洗钱监管有效性持续提升
- 反洗钱监测分析不断取得新成效
- 打击洗钱违法犯罪工作成效显著
- 部际联席会议单位合力推进反洗钱工作
- 深入参与反洗钱国际合作
- 扎实开展反洗钱宣传培训工作

一、完成第四轮反洗钱国际评估并积极准备第五轮评估

（一）完成第四轮反洗钱国际评估

2023年10月，金融行动特别工作组（FATF）通过《中国反洗钱和反恐怖融资第四次强化后续报告》，认为中国反洗钱工作取得积极进展，决定结束中国本轮评估。在2019年中国第四轮反洗钱和反恐怖融资互评估报告通过后，经过4年整改，我国40项合规性指标的达标数量从22项提升至31项，有效性方面也取得积极进展。

（二）积极部署第五轮评估准备工作

FATF定于2025年底至2027年初对中国开展第五轮反洗钱国际评估。近年来，反洗钱国际标准发生较大调整，对第五轮评估迎评工作提出了更高要求。中国人民银行及时制订迎评工作方案，部署启动迎评准备工作。

二、反洗钱制度建设和协调机制建设取得实质进展

（一）《中华人民共和国反洗钱法》修订取得重要进展

充分配合司法部开展《中华人民共和国反洗钱法（修订草案）》（以下简称《反洗钱法（修订草案）》）法律审查等各项工作，积极推动《反洗钱法（修订草案）》上报并提请国务院常务会议审议，围绕《中华人民共和国反洗钱法》（以下简称《反洗钱法》）修订工作开展调研，充分听取金融机构、特定非金融机构以及中国人民银行分支机构的意见和建议，进一步完善《反洗钱法（修订草案）》。

（二）受益所有人信息集中备案制度建设取得重要进展

推动《受益所有人信息管理办法》完成国务院审批，进一步完善《受益所有人信息备案指南》，并配套开展法人洗钱风险评估。

（三）印发数字人民币反洗钱工作指引

印发《数字人民币反洗钱和反恐怖融资工作指引》和《关于做好数字人民币工作有关问题的通知》，及时收集整理反洗钱义务机构[①]执行过程中存在的问题和意见，并作出统一答复。

（四）反洗钱工作协调机制进一步强化

推进《反洗钱工作部际联席会议制度》修订工作，广泛征求反洗钱工作部际联席会议各成员单位意见，对制度进行完善。与各成员单位就国家洗钱风险评估、反洗钱法规修订等重点工作加强日常协调沟通，做好《反洗钱工作部际联席会议简报》采编工作，全年共编发《反洗钱工作部际联席会议简报》10期。

三、反洗钱监管有效性持续提升

2023年，中国人民银行持续推进反洗钱监管向风险为本转型，进一步强化监管统筹力度，稳步推进反洗钱监管规划实施，不断强化监管能力建设，反洗钱监管有效性持续提升。

（一）完成全年执法检查和监管走访任务

2023年，中国人民银行反洗钱部门共开展反洗钱执法检查275次和处罚案件调查5

[①] 义务机构专指按照反洗钱法律法规履行反洗钱义务的金融机构和特定非金融机构。

次、监管走访4 876次，向义务机构下发监管提示函730份，约见谈话909次，下发责令整改通知书443份；会同法律部门完成对392家义务机构的行政处罚程序。持续加强对中国人民银行分支机构反洗钱监管工作的统筹指导。继续执行总行直管机构和分支机构执法检查统筹机制，在执法检查内容、事实认定标准等方面做到规范统一。

（二）加大风险为本监管转型工作力度

制定发布《风险为本反洗钱监管指引（试行）》，确定风险评估在监管工作中的基础性作用，明确反洗钱监管职责划分以及监管周期内制定监管规划并开展持续监管的基本要求，强调针对不同风险状况的主体应采取不同频率、不同强度的差异化监管措施。指引的发布标志着风险为本反洗钱监管机制的基本建立，与国际标准进一步接轨。

（三）完善义务机构洗钱风险自评估及监管评估工作

在义务机构完成洗钱风险自评估的基础上，对总行直管机构开展自评估报告平行审查及现场访谈与交流。同时，持续改进洗钱风险监管评估指标和方法，固有风险评估的覆盖面由银行扩大到支付、保险、证券等主要金融机构，控制措施有效性评估的标准进一步细化完善。应用新的指标体系，完成两轮针对总行直管机构的监管评估。

（四）指导义务机构提高洗钱风险识别能力

组织开展对主要证券和寿险机构的监管走访，进一步深化对支付产品的风险研究，从行业角度指导义务机构提高风险识别能力。同时，探索建立"以案倒查"新机制，加大对中国人民银行分支机构"以案倒查"工作的指导与跟进，借助"以案倒查"机制进一步加强与公安部门的协作，共同指导义务机构深化对上游犯罪及其洗钱手法和趋势变化的理解，提高反洗钱预防措施的针对性和有效性。

（五）依法持续稳步推进特定非金融行业反洗钱工作

起草《贵金属和宝石行业从业机构反洗钱和反恐怖融资管理办法（草案公开征求意

见稿）》，并征求行业自律组织、从业机构等的意见。对部分特定非金融行业开展实地调研，摸底特定非金融行业从业机构履职情况。

四、反洗钱监测分析不断取得新成效

2023年，中国反洗钱监测分析中心在反洗钱监测分析、数据采集和治理能力、综合统计体系建设等方面取得新成效，有力地支持了打击犯罪、防范和处置风险、服务国家发展和安全战略等工作。

（一）反洗钱监测分析成效持续提升

中国反洗钱监测分析中心聚焦重点领域洗钱与相关违法犯罪活动及金融风险，不断研究和创新对洗钱活动的资金监测思路和方法，在反腐败、反恐、扫黑除恶、反赌反诈、反走私、金融风险整治等专项机制和专项行动工作中精准发力，同步推进与执法机关的分析研判和信息共享，提高数据资源整合运用水平，积极提升金融情报质效，协助执法机关破获一批洗钱、虚开骗税、非法经营等重大案件。

（二）反洗钱数据采集和治理能力进一步加强

一是拓展反洗钱数据来源，提升反洗钱数据采集能力。截至2023年底，共覆盖22个行业，包括银行、证券期货、保险、支付以及房地产、会计师事务所、公司服务提供商等特定非金融行业共4 428家报告机构。此外，推动将数字人民币等新兴业务纳入数据报送范围。

二是加强动态管理，建立全方位、立体化的报告机构管理模式。持续关注全国性法人机构的监测模型建设、智能工具开发及可疑交易报告等方面的问题，细分维度，采取更加灵活的指导方式；针对重点行业、重点地区的中小金融机构，加强洗钱风险识别、模型建设和数据质量管理等方面的指导力度，稳步提升反洗钱工作水平。

三是进一步深化反洗钱数据治理，推进反洗钱数据标准化工作。为构建国内反洗钱数据基础制度体系，组建标准编制工作组，正式启动反洗钱数据标准立项和申报程序；通过发布通报、优秀案例评析、特定犯罪类型洗钱手法及识别点、反洗钱数据填报规范和指引等指导报告机构稳步提升反洗钱数据质量。

专栏1.1

反洗钱数据标准化工作取得阶段性进展

2023年，为落实《金融标准化"十四五"发展规划》关于"加快推进反洗钱数据标准制定，支撑数字化时代反洗钱履职转型"的规划要求，中国人民银行持续推进反洗钱数据标准化建设工作，明确整体工作方案，并启动第一阶段《反洗钱数据采集及监测术语》金融行业标准的制定工作。整理90多项涉及反洗钱采集及监测领域基础概念、工作实践等方面的常用专业术语，对其中英文名称予以定义并释义，形成反洗钱数据标准体系；成立覆盖多种类型金融行业机构、行业自律组织及科研机构的标准编制工作组，在充分论证的基础上确保反洗钱数据标准的专业性、适用性。

（三）反洗钱监测分析综合统计体系建设取得新成效

围绕国际一流金融情报机构建设目标，对照FATF评估标准，不断推进反洗钱监测综合统计体系建设，形成覆盖监测分析业务全链条的多层级、综合性统计报表体系。2023年，依托反洗钱监测分析系统优化升级，正式启用线上统计报表系统功能，按照统一口径发布监测分析业务和管理统计数据，进一步提升统计工作质效。

五、打击洗钱违法犯罪工作成效显著

（一）可疑交易报告和金融情报

2023年，反洗钱监测分析系统共接收可疑交易报告422.35万份，中国人民银行反洗钱部门筛选、排查、处理406.4万份，报告处理率超过96%，通过反洗钱监测分析系统分析并向执纪执法部门提供各类金融情报24 680批次。

（二）反洗钱调查与线索移送

2023年，中国人民银行试点运行反洗钱调查电子化平台，提升反洗钱调查工作效率。各分支机构全年共处理重点可疑交易报告13 315份，经分析研判后，进一步对需要查深查透的556份线索开展6 206次反洗钱调查，向侦查、监察等有权机关移送涉地下钱庄、非法集资、电信诈骗、网络赌博、毒品、贪污贿赂、走私及洗钱等各类可疑交易线索6 392起，协助侦查、监察等有权机关对2 625起案件开展反洗钱调查25 053次，协助破获涉洗钱及相关犯罪案件1 651起，有效地维护了国家安全、金融经济安全和社会稳定。

（三）批捕与起诉

2023年，全国检察机关共批准逮捕涉嫌洗钱犯罪案件33 440起49 471人；提起公诉90 738起144 358人。其中，以涉嫌《中华人民共和国刑法》（以下简称《刑法》）第一百九十一条"洗钱罪"批准逮捕489起687人，提起公诉2 442起2 971人；以涉嫌《刑法》第三百一十二条"掩饰、隐瞒犯罪所得、犯罪所得收益罪"批准逮捕32 939起48 755人，提起公诉88 266起141 345人；以涉嫌《刑法》第三百四十九条"窝藏、转移、隐瞒毒品、毒赃罪"批准逮捕12起29人，提起公诉30起42人。

（四）洗钱犯罪宣判

2023年，全国人民法院一审审结洗钱案件80 142起、生效判决129 658人。其中，以《刑法》第一百九十一条"洗钱罪"为主罪审结案件861起、生效判决1 019人；以《刑法》第三百一十二条"掩饰、隐瞒犯罪所得、犯罪所得收益罪"审结案件79 271起、生效判决128 580人；以《刑法》第三百四十九条"窝藏、转移、隐瞒毒品、毒赃罪"审结案件10起、生效判决59人。

专栏1.2

2023年打击治理洗钱违法犯罪三年行动推进会在京召开

2023年11月16日，打击治理洗钱违法犯罪三年行动领导小组办公室在北京召开打击治理洗钱违法犯罪三年行动推进会。11家部级成员单位相关司局负责同志、研究机构代表等30余人出席会议。

会议认为，打击治理洗钱违法犯罪三年行动开展以来，各单位密切配合，在推动完善预防和打击洗钱犯罪的法律制度、落实上游犯罪与洗钱犯罪"一案双查"、加强线索联合研判和会商、提升部门实战效能、强化行业监管治理等方面取得了重要的阶段性进展。会议对当前洗钱犯罪形势、打击洗钱犯罪工作中存在的问题和困难、下一步工作措施等进行了充分讨论。

会议要求，各成员单位要认真贯彻中央金融工作会议精神，充分发挥反洗钱强监管、防风险、促发展的积极作用，深入开展打击治理洗钱违法犯罪三年行动，为维护国家安全和金融安全提供可靠保障。要深刻认识当前洗钱犯罪形势的严峻性和复杂性，切实增强应对第五轮国际反洗钱评估的责任感和紧迫感，配合做好《反洗钱法》修订，积极推进办理洗钱刑事案件相关司法解释制定工作，并及时开展对基层办案单位的指导，持续加大《刑法》第一百九十一条"洗钱罪"案件查办力度，尤其要加大力度查办高发多发、涉案金额大的上游犯罪相关洗钱行为，以及地下钱庄等专业洗钱犯罪团伙的有组织犯罪行为，深挖大案要案、复杂案件涉及的洗钱行为，共同做好洗钱犯罪案件统计和实证研究工作，努力推动打击治理洗钱违法犯罪工作再上新台阶。

六、部际联席会议单位合力推进反洗钱工作

2023年，反洗钱工作部际联席会议成员单位在党中央、国务院领导下，高效协同，通力合作。共同推动《反洗钱法》修订和《反洗钱工作部际联席会议制度》修订，开展国家洗钱和恐怖融资风险评估、国家扩散融资风险评估、打击治理洗钱违法犯罪、上一轮反洗钱国际评估整改及新一轮迎评准备等重点工作，为保障国家安全与金融稳定发挥

重要作用。

中国人民银行会同打击治理洗钱违法犯罪三年行动成员单位持续攻坚,按照《打击治理洗钱违法犯罪三年行动计划(2022—2024年)》总体要求以及《打击治理洗钱违法犯罪三年行动任务分解表》的具体安排,积极履职,密切合作,不断完善制度和协作机制,在制定洗钱罪司法解释、落实"一案双查"制度、建立洗钱犯罪案件统计体系、开发洗钱罪信息管理平台、研究推动打击涉税洗钱犯罪、完善洗钱类型分析制度、"以案倒查"试点、发布洗钱罪典型案例、印发不同行业可疑交易识别点和特定洗钱类型识别点、研究打击洗钱犯罪与上游犯罪匹配度等方面取得显著进展和成效。此外,中国人民银行及时梳理可疑交易线索和相关案件,会同有关成员单位研究撰写《中国洗钱类型分析报告(2023)》和《黑社会性质组织犯罪洗钱专题分析报告》,归纳各种类型洗钱活动的规律、最新特征,综合判断洗钱威胁形势及其风险分布情况,深入剖析特定犯罪类型相关洗钱趋势和特点,为有关部门有针对性地预防、打击洗钱犯罪活动提供重要参考;根据新发现的洗钱风险,印发3期洗钱风险提示,要求义务机构加强对利用民生缴费、贵金属权益类账户和艺术品洗钱的风险防范和可疑交易报告工作。

中央纪委国家监委将打击涉腐洗钱纳入年度工作和专项行动统筹部署,召开中央追逃和跨境办2023年度工作会议。推动完善打击涉腐洗钱制度规范,配合修订《反洗钱法》。针对追缴刑事裁决涉境外资产有关问题进行研究,提升涉腐跨境洗钱治理能力。在打击腐败犯罪和开展国际合作方面,积极推动反腐败国际务实合作,加大涉腐洗钱行为打击力度和追逃追赃重点个案攻坚力度,持续开展"天网"行动,2023年共追回外逃人员1 624人,其中"红通人员"59人,"百名红通人员"1人,追回赃款33.41亿元。

最高人民法院会同最高人民检察院联合制定《关于办理洗钱刑事案件适用法律若干问题的解释》,拟于2024年择期适时发布,为依法惩治洗钱犯罪提供有力依据。继续推进掩饰、隐瞒犯罪所得、犯罪所得收益司法解释的修订工作。进一步加大力度打击恐怖融资犯罪,查扣海外犯罪资产,分析恐怖融资案件特点,同步修订洗钱案件统计口径和标准体系。

最高人民检察院发布《关于充分发挥检察职能作用 依法服务保障金融高质量发展的意见》,督导各地检察机关持续加大洗钱犯罪追诉力度,深化与中国人民银行分支机构的合作机制,不断提升"一案双查"实效。主动推动金融法治体系建设,会同国家监察委员会、公安部联合发布《关于在办理贪污贿赂犯罪案件中加强反洗钱协作配合的意见》，发布《关于进一步加大涉毒资产查处力度的通知》。结合检察办案积极参与《反洗钱法》修订以及FATF关于资产追缴有关国际标准的修订工作。

外交部持续做好联合国安理会制裁决议执行通知工作，在安理会通过制裁决议或更新制裁清单后，第一时间在外交部网站发布信息，及时通知各有关单位采取相应措施执行。以建设性态度参与联合国安理会防扩散委员会（1540委员会）、FATF有关讨论。深入参与安理会第1540号决议全面审议进程，举办第四期执行决议亚太地区国家联络点培训班，支持在国家、地区和国际层面推动决议执行的努力。配合主管部门持续推进防扩散出口管制法治进程，完善相关法律体系，强化执法能力建设。持续推进完善引渡、司法协助等对外司法合作条约网络，签署2项条约，完成5项条约的批准生效工作，进一步夯实同有关国家就打击洗钱犯罪开展引渡、刑事司法协助合作的法律基础。

公安部根据中央反腐败协调小组"天网2023"行动统一部署，紧密结合公安部、中国人民银行等11个部门"打击治理洗钱违法犯罪三年行动"，组织开展打击利用离岸公司和地下钱庄向境外转移赃款"歼击23"专项行动。2023年全年，全国公安机关共立案侦办各类地下钱庄和洗钱案件4 200余起，破获案件2 400余起。2023年6月至9月，公安部组织部署全国经侦系统"夏季行动"打击地下钱庄犯罪"十大战役"，严打地下钱庄犯罪，共立各类洗钱犯罪案件250余起、捣毁地下钱庄窝点140余个。通过"以案倒查"，深挖一批上游犯罪线索，共抓获犯罪嫌疑人近1 000名，查明涉案金额800余亿元。

民政部积极推动部门间工作协调，会同中共中央统一战线工作部、中国人民银行等10部门，在全国范围内开展打击整治非法社会组织专项行动；配合财政部、国家税务总局、公安部等开展公益性捐赠税前扣除资格认定、将慈善组织银行账户信息纳入国家反诈平台"白名单"等工作。加大社会组织日常监管力度，将民政部本级登记的社会组织的资金来源、资金管理和使用情况作为监督检查重要内容，密切关注和排查恐怖融资风险；印发《"阳光慈善"工程实施方案》，指导慈善组织做好公开募捐、慈善项目开展、信息公开等工作，并加强慈善组织公开募捐方案备案管理。

司法部积极推进《反洗钱法》修订工作，按程序提请国务院常务会议审议。积极推进律师行业反洗钱工作，立足律师工作实际，进一步厘清相关工作职责；认真履行律师行业反洗钱和反恐怖融资监管职责，指导各级司法行政机关、各地律师协会对律师事务所及律师开展监督管理。严格按照《国际刑事司法协助法》和相关国际条约、公约等规定审查处理国际刑事司法协助案件，切实推动反洗钱国际合作。

财政部印发《财政部办公厅关于做好会计师事务所2023年度报备工作的通知》，要求会计师事务所对履行反洗钱和反恐怖融资义务的情况进行报备。2023年，全国共有3家会计师事务所报备了4条特定业务信息，包括代管银行账户、证券账户及办理买卖不动产等。报备内容无可疑交易情况。

住房和城乡建设部会同有关部门常态化开展房地产市场乱象整治工作，重点查处"经营贷""首付贷""零首付"等违规行为。规范商品房预售资金监管，严肃查处违法违规行为，坚决防止新增预售资金挪用事件。会同国家市场监督管理总局联合印发《关于规范房地产经纪服务的意见》，要求加强存量房交易资金监管，鼓励房地产经纪机构将经纪服务费用纳入交易资金监管范围。

海关总署加强打击走私及关联洗钱犯罪，2023年全国海关缉私部门共立案侦办走私等违法犯罪案件4 959起，其中打击海南离岛免税"套代购"走私犯罪案件2 011起，涉案金额20.7亿元；走私毒品犯罪案件749起，缴获可卡因、冰毒等毒品5.53吨；涉税走私犯罪案件3 057起，涉案金额667.9亿元。

国家税务总局立足维护国家安全和金融稳定大局，按照打击治理洗钱违法犯罪三年行动计划有关部署，配合相关部门建立涉嫌洗钱可疑交易线索通报制度，提升联合打击涉税违法犯罪的精准性。与公安部、最高人民法院、最高人民检察院、海关总署、中国人民银行、国家外汇管理局常态化联合开展打击涉税违法犯罪工作，将打击涉税洗钱违法行为作为打击洗钱上游犯罪的重要环节。进一步加强国际协作，做好情报交换，与106个司法管辖区开展金融账户涉税信息自动交换。

国家市场监督管理总局积极推动受益所有人信息备案制度建设，配合中国人民银行共同研究制定《受益所有人信息管理办法》及配套指南，聚焦主责主业，为在全国范围内开展受益所有人信息备案工作做好前期准备，积极推动受益所有人信息备案制度平稳落地实施。

国家金融监督管理总局不断加强行业管理，提高反洗钱工作的有效性。一是扎实履行市场准入反洗钱审查职责，按照要求在相关机构、人员及业务核准中开展反洗钱审查。二是督促监管对象落实反洗钱义务。通过监管通报等方式督促大型银行完善反洗钱管理，在管理架构、风险评估、政策流程、客户尽职调查、可疑交易报告、反洗钱信息系统、持续监控等方面全面提升反洗钱工作的有效性；督促保险机构加强洗钱风险评估；督促政策性银行、股份制银行、外资银行、信托公司在内控制度、管理机制等方面加强反洗钱内部管理。三是加强对中资银行海外分行的合规督导，针对境外监管机构对中资银行境外分支机构在反洗钱等合规领域开展持续、高频和交叉检查的情况，指导中资银行切实做好境外分支机构反洗钱合规工作。此外，通过加强非法集资可疑资金监测和风险排查研判、广泛组织防范非法集资宣传教育、严厉查办非法集资案件等方式加强打击洗钱上游犯罪，全力推进银行保险机构涉刑案件处置工作。

中国证券监督管理委员会扎实推进行业反洗钱工作，进一步强化行业反洗钱监管，认真做好证券、基金、期货行业洗钱风险评估工作，在对机构、股东及个人的行政许可、备案管理等市场准入审核中嵌入反洗钱审查要求，指导中国证券业协会、中国期货业协会在《证券经纪业务管理实施细则》《证券公司客户资金账户管理规则》《期货公司互联网开户规则（修订）》等监管规则中明确机构及其从业人员应当履行的反洗钱义务，指导中国证券投资基金业协会修订《基金管理公司及基金销售机构反洗钱和反恐怖融资工作指引》，指导郑州商品交易所、广州期货交易所、深圳证券交易所、中国证券登记结算有限责任公司等在内部规程中嵌入客户身份识别等反洗钱要求。此外，严厉打击各类证券期货违法行为，指导各交易所优化系统功能、提高异常交易监测及洗钱风险筛查能力，同时认真落实打击治理洗钱违法犯罪三年行动计划，会同中国人民银行和公安部研究涉证券领域犯罪洗钱案件、向中国人民银行通报涉嫌洗钱可疑交易情报线索、建立洗钱风险隐患通报机制，进一步加大对证券期货领域违法犯罪及洗钱犯罪的打击力度。

国家广播电视总局高度重视反洗钱宣传报道，组织指导全国各级广播电视及所属新媒体加强相关宣传报道，营造良好的舆论氛围。综合运用新闻报道、专题节目、专家访谈、公益广告、微视频等形式，及时传达国家反洗钱方针政策、法律法规、进展成效，向海内外受众展示我国政府打击洗钱、维护金融秩序的决心与成效。做好反洗钱宣传普及和警示教育工作，增强社会公众的自我保护意识和洗钱风险防范技能。

国家外汇管理局充分利用部门合作机制，凝聚多部门优势资源力量，提升数据共享与行刑衔接效率，精准挖掘地下钱庄等违法犯罪线索，推动打击治理洗钱违法犯罪，共协助其他部门查询8 300万笔可疑交易数据。打击地下钱庄违法犯罪，坚决堵截洗钱通道，联合中国人民银行、公安部门配合侦破地下钱庄130余起，查处地下钱庄交易对手案件500余起，与公安部门共同督导重点案件和疑难线索近40条，联合税务、公安、反洗钱部门破获涉税违法犯罪80余起。2023年完成3家系统重要性银行总行外汇业务专项检查和6家非银行机构专项检查，督促反洗钱义务机构完善内控、规范展业；推动17家分局查实

48家银行分支机构的未尽职审核行为，罚款近2 600万元。

七、深入参与反洗钱国际合作

（一）继续推进反洗钱多边合作

参加FATF全会及工作组会，积极发挥FATF指导委员会成员作用，深入参与受益所有人、犯罪资产追缴等国际标准修订，参与FATF资产追缴、网络诈骗、投资移民洗钱等多项研究课题，相关研究报告已经在FATF全会通过。参加欧亚反洗钱和反恐怖融资组织（EAG）第三十八届全会，积极参与EAG内部治理、互评估、类型研究等工作，邀请全国人大、数字货币研究所等在国际论坛分享中国反恐怖融资立法和数字人民币反洗钱实践。2023年12月4日至8日，在海南省三亚市成功举办EAG第三十九届全会，来自全球29个国家和地区及国际组织的近300名代表参会。此次全会是2020年以来首次在华举办的大型反洗钱国际会议，参会人数多，级别高，对促进我国反洗钱国际交流与合作有重要意义。参加亚太反洗钱组织（APG）各项工作，派员参与东帝汶、尼泊尔、文莱、瑙鲁、柬埔寨、斐济、泰国等成员的互评估和后续评估工作，积极参与内部治理、互评估、类型研究等重要议题讨论。在多边平台充分展示中国反洗钱工作成效，在金砖国家反恐工作组会议上分享中国国家恐怖融资风险评估以及打击非法汇款服务和虚拟资产交易等工作成果，积极配合完成国际货币基金组织第四条款磋商、金融部门评估规划（FSAP）、世界银行营商环境评估（BEE）等国际评估。

（二）持续深化反洗钱双边合作

配合外交部做好中俄高层互访工作，参加中俄执法安全合作机制第八次会议，做好中俄反洗钱合作。积极参与中美金融工作组会议准备工作，与美方就反洗钱战略、受益所有人、虚拟资产等议题交换意见。参加中德高级别安全对话，与德国反洗钱部门开展沟通交流。与澳大利亚、阿联酋等国开展反洗钱业务交流。在粤港澳大湾区框架下继续加强与中国香港特别行政区、中国澳门特别行政区反洗钱部门的业务合作。

中国反洗钱监测分析中心积极履行中国金融情报机构的国际合作职能，持续提升金融情报交换合作质效，打击跨境违法犯罪活动，积极展现负责任的中国金融情报机构形象。截至2023年底，已与61家境外金融情报机构正式确立反洗钱金融情报交流合作关系。2023年，接收30个国家和地区的金融情报416份；向境外金融情报机构发出国际协查139份，同比增长45%，同期收到境外反馈134份，并为中央追逃追赃等专项工作提供金融情报支持。

专栏1.3

2023年金融行动特别工作组工作概览

2023年，FATF第三十三届第二次、第三次和第四次全会分别于2月、6月和10月召开。全年主要工作如下。

内部治理。全会决定由加拿大财政部官员Jeremy Weil担任下一任FATF副主席，任期为2023年7月至2025年6月。会议决定接纳印度尼西亚成为FATF第40名正式成员。

国际标准修订。全会审议通过FATF建议25（法律安排的透明度和受益所有权）及其释义的修订，并通过建议24（法人的透明度和受益所有权）指引文件。会议决定修订建议4（没收与临时措施）和建议38（双边司法协助：冻结和没收）等资产追缴相关标准；修订建议8（非营利组织）；修订建议24和建议25等受益所有权与透明度相关评估方法。

互评估。全会通过中国第四次强化后续报告，决定结束中国的本轮评估程序。全会审议通过印度尼西亚、卡塔尔、卢森堡和巴西的第四轮互评估报告。会议决定在2024年启动下一轮反洗钱评估，并通过了下一轮评估顺序。

类型研究。全会审议通过《打击勒索软件犯罪资金》《艺术品和古董市场中的洗钱和恐怖融资》《网络诈骗非法资金流动》《众筹恐怖融资》《滥用投资移民项目》等项目报告。

国际合作审查。全会认可柬埔寨、摩洛哥、阿尔巴尼亚、约旦、开曼群岛和巴拿马在改进反洗钱和反恐怖融资体系方面的进展，同意上述国家和地区退出"应加强监控的国家或地区"名单（"灰名单"）。全会决定将南非、尼日利亚、喀麦隆、克罗地亚、越南和保加利亚纳入"灰名单"。

专栏1.4

2023年欧亚反洗钱和反恐怖融资组织工作概览

2023年6月和12月，EAG分别召开第三十八届和第三十九届全会。全年主要工作如下。

内部治理。会议通过了EAG新一届主席人选及其任内重点工作，审议了2024年至2028年EAG战略规划，讨论通过了2024年预算和工作计划，批准独联体金融情报中心理事会观察员资格，修订了EAG会计准则、财务规定、人员招募规定等内部治理文件。

互评估。全会审议通过哈萨克斯坦和土库曼斯坦的互评估报告，通过了俄罗斯第一次后续评估报告、乌兹别克斯坦第一次后续评估报告、塔吉克斯坦第四次后续评估报告和吉尔吉斯斯坦第五次后续评估报告。

类型研究和技术援助。全会通过《欧亚区域洗钱和恐怖融资风险控制措施行动方案执行进展报告》，通过《恐怖分子与极端分子列名除名及资产冻结指引》《腐败及公共利益洗钱》《毒品及其前体非法贸易洗钱》《反洗钱和反恐怖融资金融调查指引》等类型研究报告。

专栏1.5

2023年亚太反洗钱组织工作概览

2023年7月，APG召开第二十五次年会。全年主要工作如下。

内部治理。年会通过了2023年至2024年预算文件和工作计划，同意授予图瓦卢正式成员资格，授予哈萨克斯坦和阿联酋观察员资格。

互评估。年会讨论通过了老挝、文莱和尼泊尔的互评估报告，以及蒙古国和泰国的后续评估报告。年会通过了APG第四轮评估安排，通过了下一轮评估对APG成员的评估专家需求。

类型研究和技术援助。年会通过了《2023年亚太反洗钱组织类型研究报告》，通过了《税务犯罪相关的洗钱报告》《FATF建议8和直接目标10执行情况报告》。

八、扎实开展反洗钱宣传培训工作

组织中共中央纪律检查委员会、最高人民法院、最高人民检察院、公安部、外交部等反洗钱工作部际联席会议成员单位完成《中国反洗钱报告（2022）》中文版编写和《中国反洗钱报告（2021）》英文翻译工作。参与撰写《中国人民银行年报》《中国金融年鉴》等重要出版物。通过优化审稿机制，不断提升《中国反洗钱实务》办刊质量，全年共编发《反洗钱实务》12期，包含文章120余篇。

及时在中国人民银行官方网站反洗钱专栏发布反洗钱工作动态、国际合作与交流、风险提示与金融制裁等信息内容，有效提升各部门、各单位和社会公众对反洗钱工作的理解和认识。中国人民银行各分支机构联合所在地法院、检察院、公安、金融监管等部门，组织金融机构在"3·15国际消费者权益日""4·15国家安全日""5·15打击和防范经济犯罪宣传日"等重要时点开展覆盖面广泛、形式多样、内容新颖的反洗钱宣传教育活动，并通过《金融时报》以及各级媒体、微信公众号等平台发布各类反洗钱宣传信息，取得良好的社会反响。

组织参加国际组织反洗钱培训，有序开展多层次的反洗钱培训工作，组织开展2023年反洗钱形势与任务培训班，会同中国金融培训中心协调完成7门《反洗钱政策解读和操作实务远程培训》课程共计17.5学时，组织完成线上集中答疑活动，累计参训人数达3 000余人。

第二部分
中国洗钱威胁和
洗钱类型分析

- 当前洗钱威胁总体形势和变化特点
- 总体洗钱威胁分析
- 主要洗钱类型威胁分析

一、当前洗钱威胁总体形势和变化特点

经过多年持续治理，我国黑社会性质组织犯罪、恐怖活动犯罪、毒品犯罪、走私犯罪、贪污贿赂犯罪、非法集资犯罪、电信网络诈骗犯罪、跨境赌博犯罪、涉税犯罪等得到有力遏制，经济金融和社会治安秩序持续保持稳定，但相关犯罪形势依旧严峻，各类犯罪活动与洗钱犯罪交织共生，洗钱手法不断翻新，洗钱模式快速演变，我国反洗钱体系仍面临显著威胁。突出表现在以下几个方面。

地下钱庄跨境转移非法资金势头不减，与电信网络诈骗、跨境赌博、非法集资、毒品贩卖、出口骗税、走私等犯罪活动深度融合，危害加剧，涉虚拟货币地下钱庄成为跨境洗钱的重要渠道。虚拟货币、数字经济、平台经济等新技术、新业态、新通道与各种犯罪活动叠加，通过网络游戏代币、游戏点卡、网络直播平台打赏币等网络虚拟商品转移非法资金，进一步增加了上游犯罪及相关洗钱犯罪的隐蔽性和复杂性，防范和打击上游犯罪及相关洗钱犯罪的难度更大。犯罪分子利用现金交易，通过银行大额现金存取、购买黄金套现等方式刻意切断非法资金转移链条，并利用银行母子账户体系、银行大额存单等金融业务和产品增加交易复杂度，以逃避监测打击。洗钱犯罪已逐步发展为独立业态，洗钱团伙专业化、职业化特征明显，涉案群体日益庞大。

（一）洗钱犯罪形势

2023年，全国人民法院审结洗钱案件80 142起、生效判决129 658人，同比分别增长110.66%、87.43%。其中，以《刑法》第一百九十一条"洗钱罪"为主罪审结案件861起、生效判决1 019人，同比分别增长23.53%、22.18%；以《刑法》第三百一十二条"掩饰、隐瞒犯罪所得、犯罪所得收益罪"审结案件79 271起、生效判决128 580人，同比分别增长112.34%、88.31%；以《刑法》第三百四十九条"窝藏、转移、隐瞒毒品、毒赃罪"审结案件10起、生效判决59人，同比分别下降33.33%、3.28%。

（二）洗钱相关犯罪形势

诈骗犯罪。随着《中华人民共和国反电信网络诈骗法》的实施与各专项行动的推进，电信网络诈骗犯罪上升势头得到有效遏制。受高额非法利益驱使，总体发案数量仍然较高，境外超大犯罪集团通过控制、管理独立诈骗团伙形成庞大而稳定的诈骗犯罪网络，涉诈资金利用多种业务和渠道进行跨行业、跨地区、跨境清洗。

赌博犯罪。我国深入推进打击治理跨境赌博犯罪，跨境赌博猖獗之势得到初步遏制。但我国周边地区博彩业复苏反弹，跨境网络赌博活动仍处于高发态势。赌博资金转移途径和方式不断升级，由冒名开设大量银行卡转移至非银行支付或非法支付平台，以及虚假电商、虚拟货币等，打击治理难度加大。

贪污贿赂犯罪。当前全面从严治党和反腐败斗争持续发力，但反腐败斗争形势依然严峻复杂。腐败犯罪资金转移更加隐蔽、复杂，以项目咨询费名义或利用特定关系人设立公司、代持股权等方式收取资金，并通过地下钱庄、投资移民等多种渠道向境外转移资产。

毒品犯罪。我国持续开展"清源断流"行动，有力防控毒品犯罪反弹风险。但受国际毒潮等因素影响，境外毒品对我国全线渗透，国内制贩毒活动出现抬头，物流寄递渠道贩毒活动更加突出，新型毒品问题加快蔓延，毒品滥用不断升级。毒资交易逐渐转向线上，利用虚拟货币进行跨境毒品交易和洗钱的情况多有发生。

金融犯罪[①]。近年来，我国惩治金融犯罪取得积极成效，金融犯罪案件数量有所下降，但总体仍在高位运行，且随着金融模式的不断创新，非法集资等各类非法金融活动迷惑性、复杂性、隐蔽性不断增强。

危害税收征管类犯罪。虚开骗税手法不断翻新，利用平台经济、地区优惠、税收优惠政策等实施犯罪多发，并呈现作案团伙化、职业化、网络化、小额化、普票化等特征，更有部分涉税专业中介机构参与其中。骗税团伙与地下钱庄深度勾连，利用地下钱庄清洗转移上游涉税犯罪资金或伪造跨境"收汇"资金流，骗取出口退税。

走私犯罪。全国海关开展"国门利剑""护航""护卫"等联合专项行动，加大对农产品、濒危物种、洋垃圾、毒品、武器弹药、离岛免税"套代购"等走私活动的打击力

---

① 金融犯罪包括破坏金融管理秩序犯罪和金融诈骗犯罪。

度。走私犯罪多利用他人账户收款后转账取现、他人代为销售走私货物变现等方式清洗非法所得，并通过地下钱庄跨境转移资金。

黑社会性质组织犯罪。 我国深入推进常态化扫黑除恶斗争，并部署开展打击惩治涉网黑恶犯罪专项行动以及重点行业领域专项整治，对涉黑犯罪持续形成强大震慑。黑恶势力开始从"网下"向"网上"、"显性"向"隐性"、"硬暴力"向"软暴力"、"传统领域"向"新兴行业"转变，发现和打击难度更大。

（三）可疑交易报告概况

2023年以来，中国人民银行强化洗钱风险提示、反洗钱数据报送情况定期通报和反洗钱工作指导，督促反洗钱义务机构不断加强反洗钱系统监测与人工分析甄别，持续优化可疑交易报告工作机制。2023年，中国反洗钱监测分析中心共接收可疑交易报告422.35万份，同比增长6.36%，可疑交易报告情报价值不断提高，反洗钱监测分析质效进一步提升。

二、总体洗钱威胁分析

2023年，在中国人民银行各分支机构接收的12 671份重点可疑交易报告中，基本可以确定涉嫌洗钱类型的报告共12 548份，占比99.03%。同期，共收集和掌握2 543起涉嫌洗钱案件。基于重点可疑交易报告和涉嫌洗钱案件数据，以下分别从地区、行业、机构、金融业务等维度刻画各类洗钱威胁及其变化趋势。

（一）洗钱类型分布

重点可疑交易报告数据显示，排名前五位的洗钱类型分别是诈骗洗钱、赌博洗钱、地下钱庄洗钱、集资洗钱、涉税洗钱，涉及报告数量占比分别为25.67%、21.90%、16.71%、7.17%、5.25%。从占比变化趋势看，涉及地下钱庄洗钱的报告数量占比增幅最大，涉及赌博洗钱的报告数量占比降幅最大，较上年分别提高4.51个百分点和下降7.51个百分点。

　　涉嫌洗钱案件数据显示，排名前五位的洗钱类型分别是腐败洗钱、毒品洗钱、诈骗洗钱、集资洗钱、地下钱庄洗钱，涉及案件数量占比分别为29.53%、22.85%、12.82%、11.56%、5.23%。从占比变化趋势看，涉及毒品洗钱的案件占比增幅最大，涉及赌博洗钱的案件占比降幅最大，较上年分别提高7.13个百分点和下降2.18个百分点。

　　根据重点可疑交易报告和涉嫌洗钱案件的类型分布占比综合判断，当前我国主要的洗钱类型仍然集中在诈骗洗钱、腐败洗钱、毒品洗钱、赌博洗钱、地下钱庄洗钱、集资洗钱、涉税洗钱等。

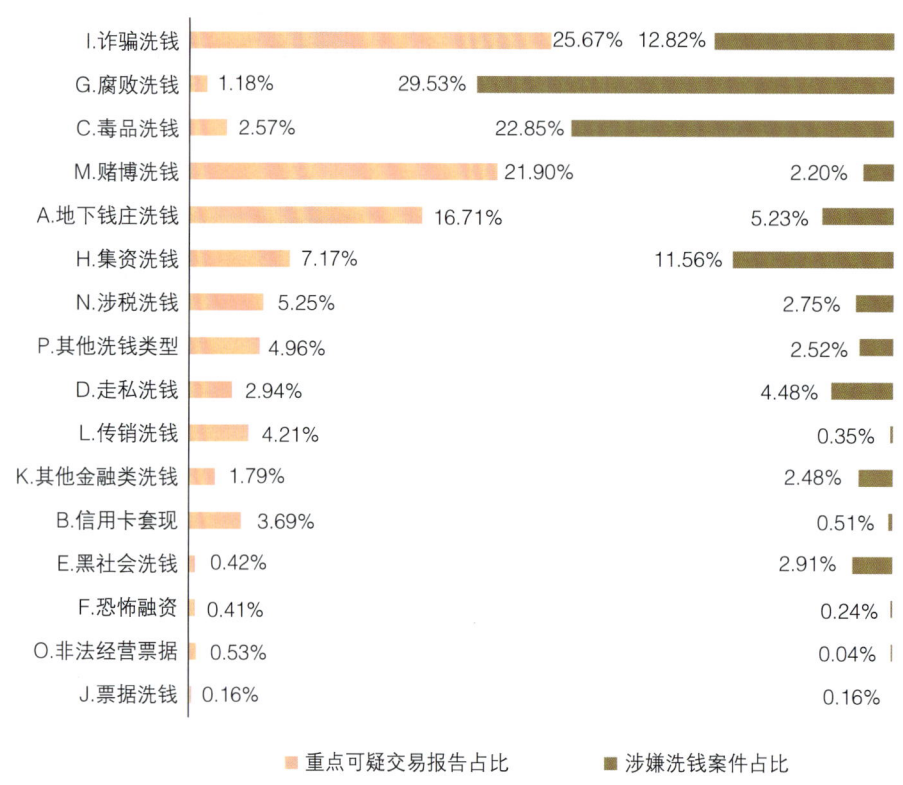

图2.1　2023年主要洗钱类型分布

（二）地区洗钱威胁分析

　　重点可疑交易报告主要涉及广东、浙江、江苏、北京、福建、山东、上海、广西、四川、安徽等地区，上述地区的报告数量占比分别为51.61%、30.72%、26.47%、21.43%、19.90%、19.15%、18.59%、17.38%、17.22%、16.14%，其中涉及广东、浙江、江苏的报告数量继上年持续居于前三位。此外，涉及湖南、河南、湖北、云南、河北、江西、贵州、辽宁、吉林的报告数量占比均超过10%。

涉嫌洗钱案件主要涉及广东、四川、浙江、云南、山东、福建、江苏、上海、湖南、重庆、安徽等地区，涉及这些地区的案件数量占比分别为27.33%、16.67%、13.65%、12.31%、11.09%、10.46%、9.52%、8.61%、7.79%、7.67%、7.47%，其中涉及广东、四川、浙江、云南的案件数量继上年持续居于前四位，涉及四川的案件数量从上年的第四位上升至第二位，涉及云南的案件数量从上年的第二位下降至第四位。此外，涉及北京、湖北、广西、河南的案件数量占比均超过5%。

综上所述，经济较为发达的广东、浙江、江苏、福建、山东等沿海地区以及北京、上海等城市仍然是洗钱威胁集中地区，四川、云南、广西等省份也面临着较高洗钱威胁。洗钱活动跨区域趋势明显，逐步向内陆地区扩散蔓延。

（三）行业洗钱威胁分析[①]

1.重点可疑交易报告和涉嫌洗钱案件主体涉及的行业分布

重点可疑交易报告数据显示，可疑主体主要涉及一般公司企业、批发零售、工程建设（含交通）、食品、进出口贸易、贵金属和珠宝业、投资、影视娱乐业、医疗（含医药）、教育等行业或领域。其中，涉及一般公司企业的报告数量占比18.16%，持续居首位；传统较高风险行业中，批发零售、工程建设（含交通）、食品、进出口贸易、贵金属和珠宝业居前五位，涉及报告数量占比分别为11.98%、3.54%、2.27%、1.61%、1.24%。此外，有2.37%的重点可疑交易报告涉及一些近年来表现出较高洗钱风险的行业或领域，如科技、农业、咨询、虚拟货币等。

涉嫌洗钱案件数据显示，涉案主体主要涉及一般公司企业、房地产业、工程建设（含交通）、批发零售、投资、矿产资源开发（含能源）、教育、医疗（含医药）、贵金属和珠宝业、进出口贸易等行业或领域。其中，涉及一般公司企业的案件数量占比20.45%，持续居首位；在传统较高风险行业中，房地产业、工程建设（含交通）、批

---

① 行业统计数据包含重点可疑交易报告主体或案件主体交易活动中涉及的所有行业。为区分义务机构面临的客户行业风险和自身被洗钱活动利用的风险，本报告分别分析可疑或案件主体涉及的行业以及洗钱活动主要利用的行业分布情况。

发零售、投资、矿产资源开发（含能源）居前五位，涉及案件数量占比分别为9.32%、7.59%、7.51%、4.60%、3.07%。从占比变化趋势看，涉及房地产业、批发零售、贵金属和珠宝业的案件数量占比分别较上年提高1.75个、1.63个、0.96个百分点。

综上所述，目前我国洗钱威胁主要集中在一般公司企业、批发零售、工程建设（含交通）、房地产业、投资、医疗（含医药）、食品、教育、矿产资源开发（含能源）、进出口贸易、贵金属和珠宝业等行业。从变化趋势上看，房地产业、批发零售、贵金属和珠宝业等行业的洗钱威胁上升明显。

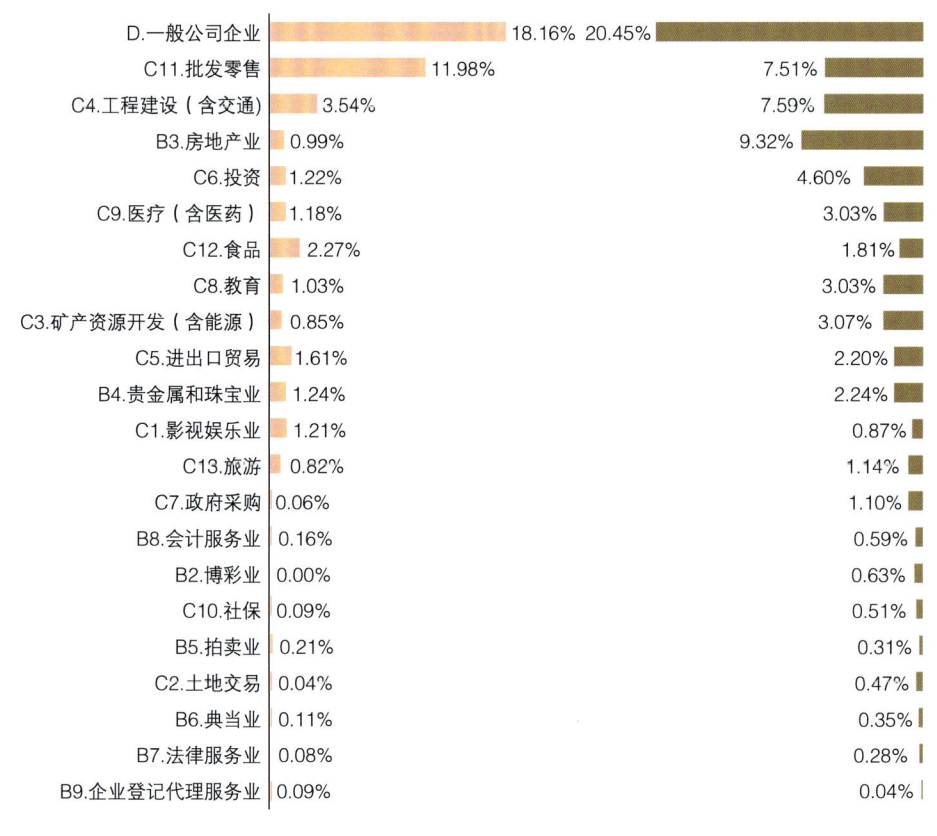

图2.2　2023年重点可疑交易报告和涉嫌洗钱案件主体涉及的行业细分

2. 涉嫌洗钱活动利用的主要行业分布

重点可疑交易报告数据显示，涉嫌洗钱可疑交易活动利用的主要行业为银行业和支付服务业，涉及两个行业的报告数量占比分别为95.50%、57.19%，同时利用两个及以上行业的报告数量占比为47.29%。从占比变化趋势看，涉及支付服务业、银行业、基金业、信托业的报告数量占比分别提高12.68个、2.23个、0.27个、0.04个百分点，涉及保险业、其他金融业、证券业、期货业的报告数量占比分别下降1.35个、0.84个、0.26个、0.09个百分点。涉嫌洗钱案件的行业仍主要集中在银行业和支付服务业，涉及两个行业的案件数量占比分别为89.19%、52.26%。从占比变化趋势看，涉及银行业、支付服务业、证券业、保险业、基金业、信托业、期货业的案件数量占比分别提高29.21个、21.86个、3.90个、2.98个、2.69个、0.24个、0.24个百分点，涉及其他金融业的案件数量占比下降0.26个百分点。同时利用两个及以上行业的案件占比为46.56%。

综上所述，银行业、支付服务业仍是目前易被用于实施洗钱活动的行业。银行业作为传统的资金结算渠道面临较大洗钱威胁，支付服务业面临的洗钱威胁逐年大幅上升，基金业、信托业面临的洗钱威胁也逐渐加大。犯罪分子跨行业洗钱趋势明显，资金转移和清洗渠道更加复杂。

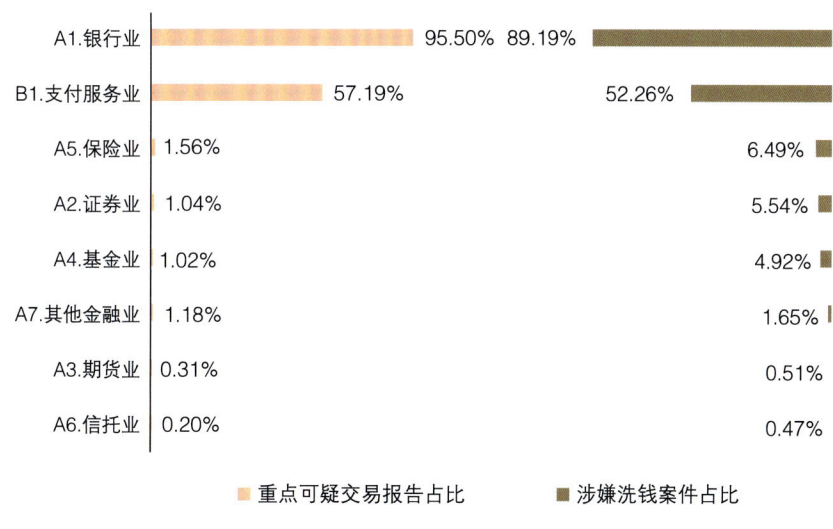

图2.3　2023年涉嫌洗钱活动利用的主要行业分布

（四）机构洗钱威胁分析

1. 重点可疑交易报告报送机构分布

重点可疑交易报告报送机构仍以全国性大型商业银行、农村银行机构、中小型城市银行机构为主，占比分别为72.73%、10.77%、10.16%。其次为支付机构、保险公司，报告数量占比分别为4.64%、0.89%，支付宝和财付通报告数量占支付机构报送总数的91.33%。

2. 涉嫌洗钱案件活动利用的机构分布

涉嫌洗钱案件主要涉及全国性大型商业银行、支付机构、农村银行机构、中小型城市银行机构，案件数量占比分别为80.50%、52.18%、25.72%、20.96%，其中支付机构占比从上年的第四位上升至第二位。涉及支付机构、保险公司、基金公司、证券公司、全国性大型商业银行的案件数量占比分别提高30.80个、5.53个、4.74个、4.47个、4.38个百分点，涉及农村银行机构、中小型城市银行机构的案件数量占比分别下降6.78个、3.61个百分点。

综上所述，洗钱威胁仍然集中在全国性大型商业银行、农村银行机构、中小型城市银行机构，支付机构面临的洗钱威胁日益突出，已成为洗钱分子转移和清洗不法资金的重要渠道，应予以高度关注。此外，保险公司、基金公司、证券公司面临的洗钱威胁也呈增长态势。

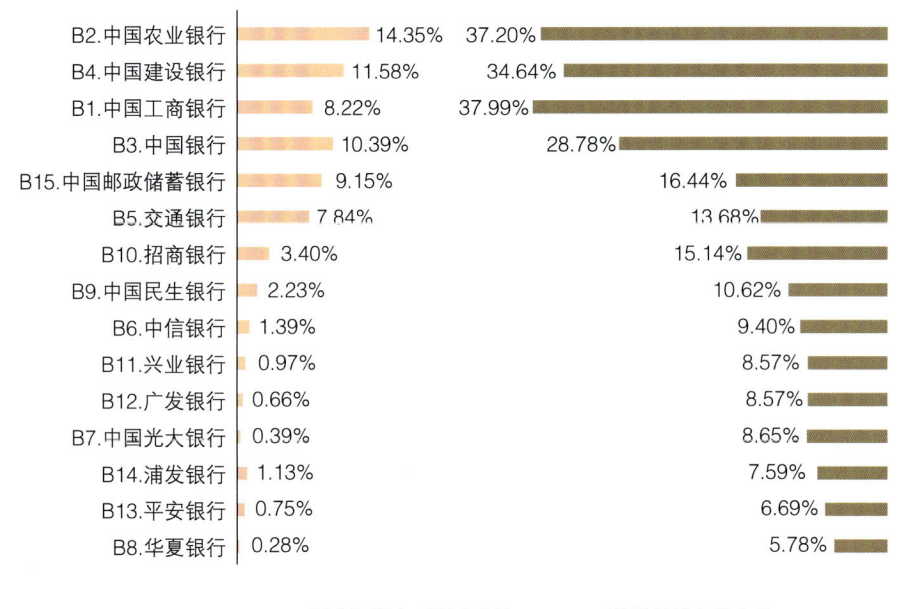

图2.4　2023年洗钱威胁集中的机构分布

（五）金融业务洗钱威胁分析

重点可疑交易报告数据显示，报告涉及的金融业务主要集中在银行业务和支付业务，报告数量占比分别为95.49%和57.19%。从占比变化趋势看，涉及银行业务、其他金融业务、证券业务、保险业务、期货业务、信托业务的报告数量占比基本与上年持平，涉及支付业务的报告数量占比在上年增加5.47个百分点基础上，进一步提高3.76个百分点。在银行业务中，涉及电子银行的报告最多，占比93.23%，与上年基本持平。涉及自助终端（如ATM等）、现金、柜面业务、POS机或类似业务的报告数量占比分别为23.66%、15.04%、13.68%、12.23%，较上年分别增长2.14个、3.02个、3.62个、0.03个百分点；在支付业务中，涉及网络支付业务的报告数量占比为56.76%，较上年提高5.97个百分点，连续多年呈增长态势。涉及收单业务和预付卡业务的报告数量占比分别为1.39%、0.12%，较上年略有下降；在证券业务中，涉及基金、股票的报告数量占比分别为1.03%、1.01%，较上年分别提高0.24个、0.59个百分点；在保险业务中，涉及寿险的报告数量占比为1.36%，较上年提高0.57个百分点；涉及期货、信托业务的报告数量占比分别为0.32%、0.20%，较上年分别提高0.14个、0.11个百分点。

涉嫌洗钱案件数据显示，案件涉及的金融业务主要为银行业务和支付业务，分别占案件总数的89.26%和52.30%，其次为证券业务和保险业务，占比分别为8.73%和6.49%。在银行业务中，涉及电子银行的案件数量占比最高，达80.42%，较上年提高0.84个百分点。涉及现金、自助终端（如ATM等）、柜面业务的案件数量占比分别为48.84%、44.32%、33.90%，较上年分别提高7.14个、12.05个、11.70个百分点。涉及POS机或类似业务的案件数量占比为16.87%，较上年下降2.00个百分点；在支付业务中，涉及网络支付业务和收单业务的案件占比分别为51.99%、2.63%，较上年分别提高0.80个、0.99个百分点；在证券业务中，涉及股票和基金的案件数量占比分别为5.15%和4.92%，较上年分别下降0.05个、2.65个百分点。在保险业务中，涉及寿险和财险的案件数量占比分别为4.92%、1.45%，较上年分别增长0.41个百分点、下降2.20个百分点。涉及信托、期货业务的案件数量占比分别为0.63%、0.51%，较上年分别下降3.02个、1.09个百分点。

综上所述，银行业务和支付业务仍为洗钱威胁最为集中的金融业务。其中，电子银行、网络支付业务被洗钱利用的风险最高，特别是网络支付业务涉及的报告和案件数量占比连续7年增长，需高度关注。自助终端（如ATM等）、柜面业务等银行业务与现金存取密切相关，不法分子借此切断非法资金转移链条，洗钱威胁大幅上升。支付业务中的收单业务面临的洗钱风险不容忽视，证券业务中的股票业务、保险业务中的寿险业务面临的洗钱风险有增长趋势。

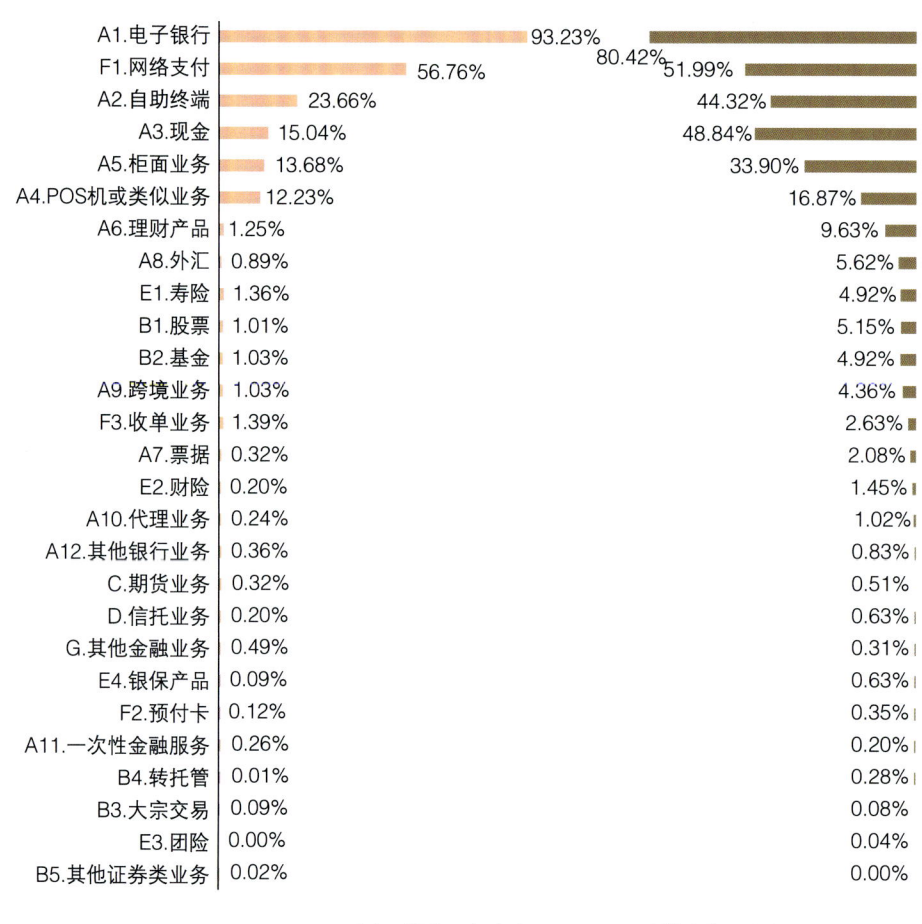

业务类型	重点可疑交易报告占比	涉嫌洗钱案件占比
A1.电子银行	93.23%	80.42%
F1.网络支付	56.76%	51.99%
A2.自助终端	23.66%	44.32%
A3.现金	15.04%	48.84%
A5.柜面业务	13.68%	33.90%
A4.POS机或类似业务	12.23%	16.87%
A6.理财产品	1.25%	9.63%
A8.外汇	0.89%	5.62%
E1.寿险	1.36%	4.92%
B1.股票	1.01%	5.15%
B2.基金	1.03%	4.92%
A9.跨境业务	1.03%	4.36%
F3.收单业务	1.39%	2.63%
A7.票据	0.32%	2.08%
E2.财险	0.20%	1.45%
A10.代理业务	0.24%	1.02%
A12.其他银行业务	0.36%	0.83%
C.期货业务	0.32%	0.51%
D.信托业务	0.20%	0.63%
G.其他金融业务	0.49%	0.31%
E4.银保产品	0.09%	0.63%
F2.预付卡	0.12%	0.35%
A11.一次性金融服务	0.26%	0.20%
B4.转托管	0.01%	0.28%
B3.大宗交易	0.09%	0.08%
E3.团险	0.00%	0.04%
B5.其他证券类业务	0.02%	0.00%

■ 重点可疑交易报告占比　　■ 涉嫌洗钱案件占比

图2.5　2023年洗钱威胁集中的金融业务分布

三、主要洗钱类型威胁分析

（一）诈骗洗钱

1. 洗钱手法及特点变化

当前，诈骗犯罪呈现作案地域跨境化、作案过程非接触化、作案手段智能化、作案形式集团化、作案目标广泛化、赃款流动快速化等特征，境外出现以"工业园""科技园"为幌子的诈骗犯罪集团。犯罪分子将不同诈骗模式相互融合，衍生出"杀猪盘[①]+虚

---

① 通过网络交友诱导受害人投资或赌博。

假投资""赌诈结合"等组合手段，资金渠道交织隐蔽，社会危害性极大。诈骗洗钱活动主要呈现以下特点。

一是诈骗手法不断拓展。刷单返利、虚假投资理财、虚假购物服务、冒充电商物流客服、虚假征信、色情直播、游戏充值、汽车团购、"杀猪盘"等诈骗方式大量存在。此外，还出现利用新型支付工具和区块链合约针对不特定人实施诈骗或开展虚假交易、骗取钱包私钥等新型诈骗手段。

二是团伙化、组织化特征越发明显。诈骗集团呈现出行业支撑、产业化分布、集团化运作、精细化分工、跨境式布局等跨境有组织犯罪特征，特别是随着境内打击的有力深入，诈骗窝点加速向境外转移，境外、境内相互勾连，境外犯罪团伙对我国境内公民实施诈骗活动频发。同时，黑社会性质犯罪与诈骗活动相互交织，诈骗洗钱的专业化、团伙化、复杂化程度日趋突出。

三是资金转移方式翻新、环节增加。随着"断卡"行动不断深入，银行机构对新开户审核趋严，不法分子逐渐转向重启睡眠户、销户重开、挂失补开、利用信用卡溢缴款等方式交易资金，存量账户风险进一步升级。同时，转移资金途径从传统银行账户延伸到数字人民币钱包，开始出现洗钱团伙利用数字人民币钱包进行非法资金的中转、过渡的情况。

2. 典型案例

案例1

案件名称		蒋某等21人诈骗、赌博洗钱案
本罪	罪名	掩饰、隐瞒犯罪所得、犯罪所得收益罪
	罪犯类型	个人
上游犯罪	罪名	诈骗罪、赌博罪
	罪犯类型	个人
涉及行业或领域		银行业
涉及金融业务		电子银行、现金
洗钱方式		转账、跨境转移资产、虚拟货币
线索来源		金融机构重点可疑交易报告

2020年11月至2021年4月，蒋某等人与境外赌诈集团约定，由蒋某等人通过面对面收取泰达币的方式接收上游犯罪分子电信网络诈骗、网络赌博等犯罪所得，并将所收取的泰达币在虚拟货币网络交易平台售卖，利用多人银行账户将所售得资金提现后，再组织人员将现金运送至福建省厦门、安溪等地，在偏僻场所通过对接暗号等手段，将现金交付给赌诈集团指定的对象，每次交付的人民币现金达1 000万元至数千万元不等，另单独收取对方当天交易总量1.5%至2%的泰达币作为"利润"。截至案发时，蒋某等人以此种方式为境外人员转移犯罪所得人民币累计金额22亿余元，累计获利2 262万余元。2023年10月24日，法院依法判决被告人蒋某等21人犯掩饰、隐瞒犯罪所得、犯罪所得收益罪，分别判处一年至六年零三个月不等有期徒刑，并处罚金。

（二）腐败洗钱

1. 洗钱手法及特点变化

当前，腐败行为由原来私下收受贿赂等直接形式，演变为"虚增交易环节""期权变现""旋转门""影子公司"和境外收款等更具伪装和隐蔽的方式。腐败洗钱以借助亲属或密切关系人的资金账户代收、代存、周转和管理贪污受贿所得为主，但在反腐败高压态势下手法不断翻新，主要呈现以下特点。

一是利用虚拟货币洗钱成为新趋势。犯罪分子利用虚拟货币匿名性和交易记录难以追踪的特点，在不同的虚拟货币钱包之间转移资金，隐藏交易轨迹，增加资金追踪难度。

二是跨境转移资金更加隐蔽。腐败分子通过地下钱庄将贪污受贿资金在多个司法管辖区之间进行划转，再通过复杂的离岸公司结构进行层层掩盖，最终将资金转移到自己控制的账户。

三是资金清洗更具迷惑性。腐败分子通过各种手段伪造合法的经济活动，如贸易发票欺诈、虚假投资等，以掩盖资金的非法来源。例如，有些腐败分子伪造进出口发票，夸大贸易额以掩盖非法资金，或者设立虚假公司进行虚假投资活动，将非法资金转化为合法资产。

2. 典型案例

案例2

案件名称		佘某、郝某贪腐洗钱案
本罪	罪名	洗钱罪
	罪犯类型	个人
上游犯罪	罪名	受贿罪
	罪犯类型	个人
涉及行业或领域		银行业、房地产业、一般公司企业
涉及金融业务		电子银行、外汇、贵金属
洗钱方式		投资房地产、投资公司、黄金变现、跨境洗钱等
线索来源		人民法院

N省T市某装饰有限公司原法定代表人佘某为承揽工程向本市K区原区委书记曹某行贿，为帮助他人承揽工程、职务升迁多次引见他人向曹某行贿，明知资金是曹某贪污受贿所得，仍为其提供房屋予以窝藏。佘某指使郝某以其名义，使用曹某钱款在当地购买1处别墅、2处其他住宅，同时指使本公司多名职工及其亲属朋友，将3 369.13万元现金分散存入个人银行账户，并通过"私转公"形式转至公司账户，达到掩饰、隐瞒受贿资金来源和性质的目的。佘某、郝某将曹某财物兑换成人民币，将900万元现金出借他人，将306.68万元偿还该装饰公司贷款，并将4 182.63万元投入该装饰公司以及S市某房地产公司经营，赚取孳息。此外，佘某为保存曹某的292万美元、330万港元现金以及47.5千克黄金的受贿财物，将现金和黄金交给郝某等人处理。郝某将财物兑换成人民币后，通过他人账户将2 120.97万元转移至郝某妻子汪某的新加坡个人账户。2023年5月30日，法院依法判决佘某犯洗钱罪，判处有期徒刑三年零七个月，并处罚金40万元；郝某犯洗钱罪，判处有期徒刑三年零四个月，并处罚金30万元。

（三）毒品洗钱

1. 洗钱手法及特点变化

2023年，公安禁毒部门大力开展"清源断流2023"行动，我国打击毒品犯罪形势整体向好，但随着中缅边境地区口岸逐渐恢复通关，跨境贩毒反弹，上升势头明显。涉毒洗钱资金交易行为出现新的变化，资金监测难度不断加大，主要呈现以下特点。

一是收取毒资出现新方式。为掩饰、隐瞒涉毒资金交易，部分犯罪分子开始利用支付宝口令红包、虚拟货币等收取毒资。支付宝口令红包不需要双方互加好友，就可收取红包款项，被犯罪分子利用于规避金融机构可疑资金监测以及侦查机关查控。通过使用虚拟货币，犯罪分子短时间内可以实现毒资多次转移、分散与集中，不易被侦查机关追查，便于兑换与提现。

二是涉毒洗钱犯罪更加隐蔽。为逃避金融监管，犯罪分子通过虚构借款、虚假交易、虚假项目和虚构合同等方式完成涉毒资金转移，并利用不同账户之间频繁的资金转账达到化整为零、彻底将涉毒资金洗白的目的。此外，随着我国加大对洗钱罪的打击力度，一些犯罪分子综合使用各种渠道并借助金融从业人员、律师、会计师等专业人士进行洗钱，进行跨国、跨地区的涉毒洗钱犯罪活动。

三是利用虚拟货币进行毒品犯罪资金清洗。虚拟货币洗钱汇兑渠道多样，支付和转账非常便利，犯罪分子可在网上通过多种支付渠道购买，洗钱犯罪分子"接单"后也可以通过更换币种或直接到境外兑换法定货币规避监管。

四是洗钱犯罪模式与黑灰产业交织。原先以毒品犯罪组织为中心构建的各个环节纷纷独立或直接外包，各种上下游犯罪被切割。毒品犯罪分子直接控制管理和财务等核心要素，转账各环节由互联网黑灰产业团伙解决。

2. 典型案例

案例3

案件名称		陈某某毒品洗钱案
本罪	罪名	洗钱罪（自洗钱）
	罪犯类型	个人
上游犯罪	罪名	贩卖毒品罪
	罪犯类型	个人
涉及行业或领域		银行业、其他金融业
涉及金融业务		电子银行业务、其他金融业务
洗钱方式		虚拟货币、转账
线索来源		中国人民银行、公安机关、检察机关情报会商

2021年12月至2022年8月，陈某某伙同他人通过"翻墙"①、Telegram（境外聊天软件）相关交流群等学习种植大麻技术，后通过Telegram、淘宝、京东等电子商务平台购买大麻种子、肥料与种植工具，自行种植大麻并出售。为逃避公安机关侦查打击，陈某某伙同他人通过"埋包"②方式出售大麻，同时用个人苹果手机注册imToken匿名数字钱包，以泰达币支付大麻种子费用，并收取贩卖毒品所得全部钱款。截至案发时，陈某某共出售大麻6次，获得毒资5 420个泰达币，后通过交易所ChangeNOW将泰达币转至其在"芝麻开门"App注册的实名钱包，并分4次将泰达币提现至"芝麻开门"钱包绑定的个人银行账号，共计人民币35 263.4元。2023年4月4日，法院依法判决被告人陈某某犯贩卖毒品罪，判处有期徒刑四年零九个月，并处罚金人民币8 000元；犯洗钱罪，判处有期徒刑一年零四个月，并处罚金人民币8 000元。数罪并罚，决定执行有期徒刑五年零七个月，并处罚金人民币16 000元。

（四）赌博洗钱

1. 洗钱手法及特点变化

在互联网领域黑灰产业催化下，赌博犯罪逐渐网络化、虚拟化，延伸发展为跨境网络赌博犯罪，并呈现集团化、专业化特征。"跑分"模式仍是网络赌博主要的洗钱方式，赌博平台通过"跑分平台"发布"跑分"订单，接单者提供个人账户信息，接收赌客资金后将资金转至平台指定账户，为违法资金进行支付结算和转移。随着国家持续整治涉网犯罪，通过国内账户"跑分"的模式遭到重点打击，犯罪分子开始利用更为隐蔽的手法实施洗钱活动。赌博洗钱活动主要呈现以下特点。

一是利用民生领域代缴收费收取和转移赌资。犯罪团伙利用代缴水电费、代充手机话费、代购加油卡等大众日常消费作为媒介，通过官方平台获取有相关需求的客户信息，将合法的充值交易与黑灰产的非法充值交易进行匹配，实现通过套用合法充值为黑灰产充值的目的，同时混淆合法充值与黑灰产充值的资金流转路径，隐匿性更强。主要有两种方法：一种是赌博平台以低于市场价格的优惠价吸引话费、水电费等充值代理

---

① 绕过国家网络监管，访问境外网站。
② 指卖家提前把毒品放在一个地方，买家根据定位和放置环境照片取货。

商，从而获取正常的用户充值订单信息，通过技术手段将赌客充值订单与正常用户的生活消费支付订单进行等值匹配，实现让赌客为正常用户的生活消费埋单，而正常用户支付的资金结算给赌博网站；另一种是赌博平台通过电商平台等形式销售充值卡，使用非法资金充值电话卡、加油卡，再利用真实销售收回充值资金。

二是通过虚拟货币交易规避监管。主要采用两种方式：一是洗钱团伙收到赌博犯罪团伙转入的赃款后，先进行二维码转账"跑分"洗钱，再购买虚拟货币进行第二轮清洗，进一步模糊资金来源和去向；二是洗钱团伙直接通过虚拟货币"跑分"洗钱，由"跑分平台"联系赌博犯罪团伙将赌资转至"跑分"人员的银行账户或支付账户中，并要求"跑分"人员将账户内赌资在虚拟货币交易平台购买虚拟货币，再将虚拟货币转移至赌博犯罪团伙控制的虚拟货币账户。

三是利用新业态清洗非法所得。网络直播平台打赏成为犯罪团伙转移赃款的新渠道，犯罪团伙通过直播打赏的形式勾结主播，让主播将平台账户内的资金提现转账"回流"资金。

2. 典型案例

案例4

案件名称		方某妨害信用卡管理、赌博洗钱案
本罪	罪名	洗钱罪（自洗钱）
	罪犯类型	个人
上游犯罪	罪名	妨害信用卡管理罪
	罪犯类型	个人
涉及行业或领域		银行业、虚拟货币、"跑分平台"、支付服务业
涉及金融业务		银行转账、非银行支付、跨境交易、现金
洗钱方式		提供账户、非银行支付、跨境交易、虚拟货币（泰达币）交易、兑换现金、协助转移资金
线索来源		公安机关

2021年5月至2022年4月，由方某、林某某等14名犯罪分子组成的恶势力犯罪集团通过互联网收购、租用银行卡，累计非法持有的他人信用卡204张，在福建云霄从事"跑

分"活动，通过境外"飞机"软件与境外赌博平台对接，用银行卡为境外网络赌博等上游犯罪活动提供转账等支付结算服务，从中获取非法利益。方某系"跑分"窝点组织者，出资并负责与境外上线对接业务，利用非法持有的大量他人信用卡为网络赌博等违法犯罪提供转账等支付结算服务，从中牟利，并用泰达币与上家李某结算"跑分"报酬，后通过币商兑换现金31.46万元，再通过骆某某与币商现场交接现金，并将其中的22.46万元交由骆某某保管，掩饰、隐瞒犯罪所得资金。法院判决方某犯妨害信用卡管理罪，判处有期徒刑六年，并处罚金20万元，犯洗钱罪，判处有期徒刑三年零三个月，并处罚金人民币7万元。林某某构成掩饰、隐瞒犯罪所得罪，判处有期徒刑一年零六个月，并处罚金人民币4 000元。其余人员分别以妨害信用卡管理罪、帮助信息网络犯罪活动罪等被判处不同刑期及罚金[1]。

（五）地下钱庄洗钱

1. 洗钱手法及特点变化

地下钱庄分为结算型和汇兑型。结算型地下钱庄具有资金快进快出且账户余额较小、公转私频繁且与公司经营背景和个人身份背景不符、借贷金额基本持平、交易跨行跨区域、大量取现、周期性使用账户等特征。汇兑型地下钱庄主要采用"对敲""分拆"等方式转移资金，团伙性质明显，境内外团伙相互勾结，各自平衡资金池，交易金额与汇率挂钩，无真正的跨境资金流动。洗钱手法主要是：犯罪团伙控制大量的个人账户、空壳公司账户作为资金转移的过渡账户，将获取的上游资金通过账户分层过渡，利用网上银行、手机银行、非银行支付等多种方式，进行资金的跨机构、跨区域多次转移、归集，从而达到非法结算、非法汇兑的目的。地下钱庄洗钱手法呈现以下特点和变化。

一是在组织形式上趋向专业化、组织化，跨境布局趋势更为明显。犯罪分子通过"境内+境外""线上+线下"融合的方式，实现资金非法跨境转移或非法汇兑，犯罪环节以功能进行分类，形成"流水线"模式，资金链更为隐蔽，难以追踪。

二是与高发犯罪紧密联系，多种犯罪交织。地下钱庄不再是单纯的非法经营外汇业

务，而是逐渐转变为替上游犯罪团伙转移犯罪所得的专业跨境洗钱工具，与贪污腐败、非法集资、电信网络诈骗、赌博、走私、虚开骗税等违法犯罪活动交织，成为各种违法犯罪活动跨境转移非法资金的结算通道。

三是利用新型支付结算方式和现代化的信息网络转移和归集资金。地下钱庄利用虚拟货币、网络游戏代币、"跑分平台"、跨境支付平台等非传统渠道以及现金交易开展非法支付结算。通过"对敲+虚拟货币平账"方式协助上游犯罪团伙流转资金或套现，将境内非法资金"洗白"。客户将人民币汇至境内犯罪团伙控制的账户后，境外换汇公司将外币汇至客户境外账户，完成对敲；境内犯罪团伙购买虚拟货币，再支付相应数量的虚拟货币至换汇公司的境外虚拟货币账户，由换汇公司在境外把虚拟货币兑换成外币，完成平账。新型的虚拟货币手法使地下钱庄人员小型化、资金跨境流转简易化、资金交易匿名化。随着现代化信息网络的不断完善，地下钱庄还开发赌博网站、直播网站、电商平台、"跑分平台"等，衍生出更加复杂的洗钱模式。

四是地下钱庄通过取现转移非法资金值得关注。随着对地下钱庄打击力度的加大，通过账户转账洗钱的风险成本激增，犯罪分子转而通过现金转移非法资金，企图切断资金链条以规避监管。该类地下钱庄常见于珠三角地区及粤东地区。珠三角地区毗邻澳门特区，为满足赌客兑换筹码需求，滋生了"取现型"非法买卖外汇犯罪活动。地下钱庄团伙在澳门特区为有需求的客户兑换港元现金，通过网上银行将人民币分拆至转移境内团伙控制的银行账户，境内同伙在广州、中山、珠海、江门等珠三角地区的ATM取现或预约大额柜面取现，再到指定的澳门赌场账房提取港元现金，通过"对敲"方式实现资金跨境转移。粤东地区的取现型地下钱庄多与电信网络诈骗、网络赌博等活动有关，利用现金难以追溯、难以定位等特征，将犯罪资金取现后再转移。

2. 典型案例

案例5

案件名称		伍某、郑某地下钱庄洗钱案
本罪	罪名	洗钱罪
	罪犯类型	个人
上游犯罪	罪名	走私国家禁止进出口的货物罪
	罪犯类型	个人

续表

案件名称	伍某、郑某地下钱庄洗钱案
涉及行业或领域	银行业
涉及金融业务	现金业务、电子银行业务
洗钱方式	地下钱庄
线索来源	海关部门

2020年8月至11月，以邱某为首的走私团伙在境外海域从事柴油走私，利用走私母船将柴油出售给各走私柴油中巴团伙，并以现金方式在福建泉州、连江等地结算。当走私油款现金累积到一定数额（一般为50万元/100万元/200万元）后，邱某安排他人将现金交给伍某运作的地下钱庄进行清洗。伍某明知邱某走私团伙转交的现金系走私犯罪所得及其收益，仍与邱某约定，由邱某指派他人将收取的走私油款现金运送至伍某位于福建省南安市指定别墅，并由伍某雇用的郑某清点封装。伍某收到现金后，利用收购的"人头卡"银行账户，以转账的方式清洗资金，然后将资金转至邱某走私团伙指定账户，共计接收并转移现金至少5 700万元。2023年4月14日，法院一审宣判伍某犯走私国家禁止进出口的货物罪，判处有期徒刑四年，并处罚金人民币30万元，犯洗钱罪，判处有期徒刑七年，并处罚金人民币400万元，决定执行有期徒刑十年，并处罚金人民币430万元；郑某犯洗钱罪，判处有期徒刑三年，并处罚金人民币20万元。伍某不服判决，提出上诉。2023年7月7日，法院终审裁定维持原判。

（六）集资洗钱

1. 洗钱手法及特点变化

随着互联网新型技术的发展，非法集资手段层出不穷，线上与线下相结合，传统渠道与新型手段相互交织，非法集资活动日趋多样化。非法集资活动以各类热点为噱头，利用区块链、生物医疗、金融投资、影视投资、农林环保、虚拟商品、养老旅游、元宇宙、虚拟货币、人工智能等热门概念，通过推广专门的App认购商品返利、充值积分等方式非法筹集资金。非法集资的主要洗钱手法为：犯罪分子通过控制多个公司账户和个人账户收取非特定人群的汇款，再利用银行转账、非银行支付将资金分别转移至关联账户,最后通过取现、大额消费（购买汽车、房产、贵金属珠宝）、股权投资等清洗资金,部分非法资金通过虚拟货币及地下钱庄账户等实现跨境转移。主要呈现以下特点。

一是新型非法集资项目层出不穷,风险持续发酵。非法集资呈现追逐热点、攀附政策的特点,网络化特征明显。大量不法分子借助互联网、手机App等,以"经济新业态""金融创新"为幌子,利用"电影版票""养老旅游""虚拟货币""股权投资""农业项目""消费返利"等热门名词、热点概念实施非法集资。

二是跨省、跨区域、跨境仍是非法集资的主要特点。非法集资犯罪采用"互联网+"模式,突破了地域、人群、信息传播等限制,受害群体遍布全国,危害性更大。不法分子使用不同的注册地、经营地、资金流向地等,监测和打击难度增大。随着跨境资金流动的加剧,非法集资团伙通过海外注册公司和跨境转移资金等手段,对国内投资者开展非法集资活动及洗钱,跨境非法集资成为新的趋势。

三是团伙性质明显且呈现传销化趋势。参与非法集资的人群从中低收入者向公务员、医生、教师等多种职业扩展,有传销化趋势,不法分子在宣传高收益的同时以返利为诱饵,不断发展"下线"。犯罪团伙编造各种虚假项目,披着互联网金融公司、资产管理公司、金融信息服务公司等外衣,有意利用或伪造知名企业、金融机构为其背书,设立资金池"借新还旧"以维持骗局,蛊惑性较强。

四是非法集资账户分工明显呈分层交易特点,交易体现返利模式。首先,资金在多个关联账户间迅速划转,呈过渡归集特征,资金存在明显拆分迹象。其次,资金分流后再做归集,归集特征呈现"金字塔"形,由人数较多的"底层"向人数较少的"上层"进行汇集。最后,通过取现、偿还借款、购买房产、购买贵金属（珠宝）等方式清洗资金。

2.典型案例

案例6

案件名称		刘某A等3人集资洗钱案
本罪	罪名	洗钱罪
	罪犯类型	个人
上游犯罪	罪名	非法吸收公众存款罪、贷款诈骗罪
	罪犯类型	个人

续表

案件名称	刘某A等3人集资洗钱案
涉及行业或领域	银行业、一般公司企业
涉及金融业务	银行业务
洗钱方式	通过买卖银行承兑汇票协助资金转移
线索来源	公安机关

2020年8月，刘某A、王某某、腾某某等人在明知刘某B等人提供的资金系非法集资所得的情况下，为牟取利益，仍按照刘某B等人提出的注册空壳公司开立账户、定期更换账户、收回款当日平账等要求，用该犯罪集团提供的资金买卖银行承兑汇票、开展资金拆借业务，并将流转后的资金转入该犯罪集团提供的其他账户中，以实现掩饰资金流向的目的。经查，刘某A等人通过买卖银行承兑汇票、资金拆借等方式为犯罪集团转移金融犯罪所得资金共计110多亿元。2023年12月9日，法院判决刘某A等3名被告人犯洗钱罪，分别判处三年至六年不等的有期徒刑，共处罚金500万元，共没收违法所得592万元。

（七）涉税洗钱

1. 洗钱手法及特点变化

当前涉税犯罪整体呈现职业化、专业化、信息化、跨区域化等特征。职业化指虚开发票、买单配票、申报骗税、地下钱庄等犯罪团伙"一条龙"式作案，团伙成员长期以此为业；专业化指犯罪团伙成员通常具有一定的专业财税知识，熟练掌握国家甚至各地区的行业优惠政策，手段严密、反侦查能力强；信息化指犯罪团伙利用网络技术，线上售卖发票，或使用专用作案手机和香港特区手机号码注册境外通联App传递作案信息；跨区域化指犯罪团伙为躲避监管，在全国范围内跨区域进行虚开骗税、异地开票、异地报关。从地区来看，涉税犯罪由沿海向内陆地区蔓延。从行业来看，农副产品、废旧物资、贵金属、医药等行业涉税犯罪尤为突出；从犯罪手段来看，技术性手段增强、专业性特点明显，买单配票、道具循环、低值高报、走私回流、虚假申报、骗取财政补贴成为涉税犯罪的主要方式。主要洗钱手法及典型特征如下。

一是利用空壳公司虚开发票。不法分子租借、冒用他人身份信息直接注册空壳公司，或控制有税收优惠政策的空壳公司，虚构贸易背景并虚开增值税发票；不法分子借助发票电子化改革后通过软件实现"无接触"办税的便利条件，在互联网上寻找买卖公司的团伙，使用购买的公司开票。不法分子利用财务人员的牟利心理，指使其批量注册公司，并将公司的相关资料邮寄到指定地点，在网上申领、开具、交付电子发票，追踪难度更大。

二是编造虚假进出口贸易骗税。不法分子通常选择体积小、价值高、退税率高的高科技电子产品，或市场价格差异大、难以核定真实价值的产品（如服装、茶叶等），与上游公司勾连，虚报出口价格，采用"循环出口"的方式制造出口假象以骗取退税；与货代公司勾结，利用部分出口业务或个人不具备出口退税资质的特点，将报关单修改为自身控制且有出口退税资质的企业，进而根据报关单的金额虚构销售合同、收汇凭证、增值税发票等申请退税。

三是利用离岸公司逃税。不法分子利用离岸管辖区政府不向离岸公司征收任何税款（只征收年度管理费），且离岸公司股东资料、股权比例、收益状况等享有保密权利的特点，注册一家或多家离岸公司，将国内资产转入离岸公司，或以离岸公司的名义在国内投资获得税收优惠，达到逃税和洗钱目的。

四是通过隐瞒收入、账外经营、做假账偷逃税款。犯罪分子利用资金密集行业、高利润行业逃税。如房地产企业预售楼盘时少报税款、将预收的售房款汇入其他公司账户或不按规定向购房人开具发票，隐瞒收入、偷逃税款；或者利用煤炭企业利润丰厚、资金周转快速的特点，注册成立或投资入股煤炭企业，通过做假账、两套账或账外经营偷逃税款。

五是趋向于利用享受国家税收优惠政策或高退税率的行业领域。涉税犯罪多集中在黄金加工、石油化工、运输物流、钢材加工、农副产品收购及加工等面向终端消费市场的行业或商贸类企业，或具有进出口贸易背景的公司、代理公司和报关行等涉及离岸交易的特定行业，以及享受国家税收优惠政策或新出台改革政策的行业，如废旧物资回收、资源再生、软件生产、医药等。

2.典型案例

案例7

案件名称		刘某某掩饰、隐瞒犯罪所得案
本罪	罪名	掩饰、隐瞒犯罪所得罪
	罪犯类型	个人
上游犯罪	罪名	出售非法制造的发票罪、非法出售发票罪
	罪犯类型	个人
涉及行业或领域		银行业、一般公司企业
涉及金融业务		POS机业务
洗钱方式		POS机刷卡套现
线索来源		公安机关

詹某非法制造、出售非法制造的电子普通发票28 034份，票面金额共计10余亿元；邱某某出售非法制造的电子普通发票625份，票面金额共计2 938余万元，购买后出售电子普通发票341份，票面金额共计1 353余万元；常州市某建筑科技有限公司、黄某某为谋取非法利益，购买增值税电子普通发票40份，价税合计3 611 828.5元；刘某某为谋取非法利益，通过刷卡套现的方式为邱某某掩饰、隐瞒犯罪所得20余万元。2023年11月28日，法院依法判决被告人詹某犯非法制造、出售非法制造的发票罪，判处有期徒刑四年零六个月，并处罚金人民币25万元；被告人邱某某犯出售非法制造的发票罪，判处有期徒刑二年，并处罚金人民币6万元，犯非法出售发票罪，判处有期徒刑二年，并处罚金人民币5万元，决定执行有期徒刑三年，并处罚金人民币11万元；被告人刘某某犯掩饰、隐瞒犯罪所得罪，判处有期徒刑三年、缓刑四年，并处罚金人民币6万元；被告单位常州市某建筑科技有限公司犯虚开发票罪，判处罚金人民币3万元；被告人黄某某犯虚开发票罪，判处有期徒刑一年、缓刑二年，并处罚金人民币2万元。

（八）走私洗钱

1.洗钱手法及特点变化

走私活动地域特征明显，主要以沿海地区和边境口岸为主。走私物品种类繁多，主要包括冻品、废旧固体、动物制品、奢侈品、化妆品、电子产品、海产品、药品、黄金、甲油胶、水果、白糖、成品油（如红油、白油）、毒品、枪支、海南离岛免税品等。通常采用绕越设关地走私入境、利用他人额度购买免税商品，再通过转销非法牟利、制作虚假单证伪报成其他产品申报出口、通过边民互市渠道以伪报贸易性质的方式走私入境、向境外供货商购买国家禁止进出口的动物制品等形式进行走私犯罪活动。走私犯罪团伙型、链条化特征更明显，与洗钱犯罪、地下钱庄犯罪等相互交织，洗钱方式呈现多领域、多工具、灵活多变的特点，主要表现如下。

一是团伙型、链条化特征明显。边贸走私、水客走私中涉案人员较多，形成分工有序、密切配合的犯罪团伙，货主、过货人员、运输人员、付汇人员等各环节紧密配合，形成走私"产业链"。

二是利用他人账户转移走私犯罪所得。上游犯罪分子利用亲属、团伙成员、朋友等特定关系人的个人账户和公司账户，通过转账、提现等方式转移走私犯罪所得，或安排他人账户接收非法资金并将资金用于购买房产、汽车、基金等。

三是利用第三方支付平台等收取、转移赃款。犯罪团伙利用第三方支付平台资金交易隐蔽且追踪查控难度大的特点，通过自己或近亲属、密切关系人的支付宝账户、微信账户、收款二维码等方式，接收并转移不法资金。

四是利用虚拟货币进行走私洗钱。犯罪分子利用虚拟货币交易便捷、隐蔽的特点，实现资金快速流转，从而快速清洗走私犯罪所得，极大地干扰了资金交易监测。

五是多利用地下钱庄"对敲"方式完成跨境资金转移。走私洗钱犯罪一般具有完整的上、中、下游犯罪链条。上游走私犯罪通常跨境且涉案金额较大，下游洗钱犯罪环节通过地下钱庄"对敲"方式向国外交易对手支付或收取等价值外币货款，在国内使用他人银行账户或支付账户收取或支付货款，完成境外资金循环。走私洗钱与地下钱庄非法提供支付结算或非法跨境转移资产的犯罪行为相伴相生。

六是"套代购"交易主要体现为免税交易异常。如交易对手多涉及境内免税店，交易备注代购特征明显，客户年免税商店交易金额超过海南个人离岛年免税购物额度（10万元），在免税店多次购买同一商品，频繁通过第三方渠道转付下层组织者或水客购买免税品资金，账户取现金额较大且取现日期与其免税商店消费日期重合或接近，本人或交易对手从事行业与免税品相关等，部分资金交易伴有短期内交通支出和快递支出较大等异常特征。

七是"套代购"团伙形成分工明确的产业链。该类走私行为往往涉及货主、"领队"、通关、揽货等多个作案团伙，团伙内部分工明确、各司其职，形成一个"专业"的走私犯罪网络产业链。货主团伙委托揽货团伙组织招募大量职业"买手"，利用海南离岛免税政策，以消费自用名义在海南购买化妆品、电子产品及洋酒等免税商品，然后通过"买手"提货离岛或免税店直接邮寄等方式至目的地集货，最后在境内市场倒卖牟利。

2. 典型案例

案例8

案件名称		某石油（国际）有限公司走私洗钱案
本罪	罪名	洗钱罪
	罪犯类型	单位、个人
上游犯罪	罪名	走私普通货物、物品罪
	罪犯类型	单位、个人
涉及行业或领域		银行业、矿产资源开发（含能源）
涉及金融业务		电子银行业务、支付业务
洗钱方式		虚设外贸公司、签订虚假贸易合同、"对敲"型跨境地下钱庄
线索来源		中国人民银行与海关部门情报会商

2017年6月至2021年9月，以林某某为首的犯罪团伙在香港、福州注册公司，通过境内勾连下家、境外海上过驳的方式，在香港水域向越境到香港的境内大中型运输船舶销售免税成品油牟利。同时，该团伙通过非法组织地下钱庄，搭建境内外资金双向结算通道，从事走私、洗钱、逃汇等违法犯罪活动。据统计，该犯罪团伙走私成品油45.64万吨，涉嫌偷逃税款11亿元，涉嫌洗钱金额达2.13亿元。该犯罪团伙为将走私货款以合法形式转移至某石油公司在香港公司的账户，与境外船务公司人员通谋，采取"对敲"方式完成资金收付。具体方式为：林某某作为公司实际控制人，负责联系走私油采购商及有换汇需求的船务公司；在境内，走私油采购商将货款以人民币汇向该犯罪团伙控制的境内银行账户，再由该犯罪团伙为船务公司等有换汇需求的群体以人民币代付境内船员工资；在境外，该犯罪团伙签订虚假交易合同，船务公司将美元支付给该犯罪团伙控制

的境外公司账户，林某某再虚构其控制的多个公司之间的贸易合同，最终将钱款转入其在中国香港开设的某石油公司的账户内，转入的款项以销售往来款形式登记入账，某石油公司就在名义上以合法形式收到了走私油货款，完成走私资金"对敲"转移和洗白的全过程。2023年9月，法院一审判决某石油（国际）有限公司犯洗钱罪，判处罚金人民币2亿元；林某某、林某、郭某某3人犯洗钱罪，分别判处有期徒刑九年零六个月，并处罚金人民币2 000万元；有期徒刑三年零二个月，并处罚金人民币30万元；有期徒刑五年零三个月，并处罚金人民币40万元。

（九）传销洗钱

1.洗钱手法及特点变化

传销犯罪团伙以推销商品、提供服务等经营活动为名，以交纳一定费用为条件发展下线，被发展人员交纳的资金则逐级汇总至其团伙的核心账户，资金交易呈现"金字塔形流入、倒金字塔形流出"特征；犯罪团伙根据被发展人员直接或者间接发展的人员数量，按照分成比例计算给付报酬后，将传销资金以"工资""分红""提现""奖金"等名义转至相关成员账户。主要洗钱手法和典型特征如下。

一是传销洗钱交易金额及交易备注呈现特殊性，交易呈现一定的周期性。主要通过网上银行、第三方支付等电子渠道转账洗钱，多为跨行、跨省交易，资金链条不易被追踪；账户交易金额频繁出现少数几个固定金额或与某一数额呈比例关系，部分交易备注中出现疑似传销性质字样，如"钱生钱学费""××会员费""人名+份额"等，借方交易备注频繁出现"返利""投资收益""利息"等，且具有一定的周期性。

二是传销噱头呈现多样化趋势，传销产品则呈现虚拟化趋势。传销洗钱活动由传商品、传实物逐渐演变为传概念、传理念、传份额，如国家政策扶植项目、股权投资、虚拟货币、矿机投资、数字藏品等新概念、新技术，甚至逐渐发展出"心灵净化"等精神类传销，通过提供课程培训对参与者进行深度洗脑。

三是非法传销活动和非法集资犯罪呈现融合化和一体化趋势。随着互联网的兴起，传统的聚集式传销逐渐转战为网络化传销，P2P理财平台、区块链等互联网金融概念成为传销团伙惯用的新花样，使传销与非法集资的联系更为紧密且难以区分。以私募股权、投资入股、发展渠道等为名义的传销活动往往夹杂着非法集资目的，而部分非法集资行为以传销"拉人头"方式鼓动被害人参与。因此，传销成为非法集资犯罪团伙利用的敛财模式，而非法集资又是传销团伙的主要目的。

四是传销可疑主体呈现空壳性质，交易呈现过渡性质，可疑群体身份背景具有典型特征。可疑主体多为空壳公司，公司名称多包含商贸、信息技术、拍卖、工艺品、农业、供应链、智能网联等字样，涉及行业范围广泛但未实际经营；可疑主体账户上下游交易对手众多，交易金额大、跨行跨省、快进快出，账户交易与公司经营背景明显不符，对公交易对手也具有空壳公司特征。传销可疑群体年龄跨度较大且通常无正式职业，多为退休人员、家庭主妇、学生等。

2. 典型案例

案例9

案件名称		徐某A等人组织、领导传销活动案
本罪	罪名	组织、领导传销活动罪
	罪犯类型	个人
涉及行业或领域		银行业、支付服务业
涉及金融业务		电子银行、非银行支付
洗钱方式		银行转账、非银行支付转账
线索来源		中国裁判文书网

2016年，被告人徐某A等人设计了上海某股份有限公司与新加坡某公司合作骗局，引入FCF积分增值拆分平台[①]，通过签约会、宣讲会、年会、积分旅游等宣传方式，以"零"投入生态养老为噱头，在"环球FCF"投资平台推出购物、积分旅游等活动吸引客户，利用FCF控盘功能设置静态收益和"招商奖""平衡奖""管理奖""公益奖"等动态奖励名目制造高额回报假象，通过上述奖励模式设定层级并将其作为返利依据，鼓励老会员发展新会员，并诱骗公众投资FCF积分增值拆分平台，从会员交纳的费用中非法获利。2017年5月至2021年2月，被告人徐某A、刘某、徐某B、徐某C、雷某某、陈某某在未经金融管理部门批准的情况下，利用微信群、招股大会等方式向社会公开宣传积分

---

① 上海某投资集团股份有限公司旗下网络平台，简称FCF平台。

兑换股票，通过微信群、积分平台和私人账号收取会员投资款，同时将每次投资操作所产生的部分收益分配给群成员，主要通过银行、第三方支付平台账户转移资金。其间共发展10 121名集资参与人，非法集资合计人民币1亿余元。2024年4月19日，法院依法审理，判决徐某A犯组织、领导传销活动罪，判处有期徒刑七年，并处罚金250万元；犯非法吸收公众存款罪，判处有期徒刑七年，并处罚金40万元。决定执行有期徒刑十三年，并处罚金290万元。

（十）涉黑洗钱

1.洗钱手法及特点变化

涉黑洗钱分子利用黑社会组织内特定关系人（如亲属、好友、组织骨干成员或组织成立的公司工作人员等）的个人银行账户或支付账户、涉黑组织控制的公司银行账户接收涉黑资金及其非法所得后，通过银行转账、第三方支付、大额取现、大额消费等多种方式，或者通过购买房产、保险、汽车、投资等进一步转移资金，实现非法资金的层层转移、归集，模糊非法资金性质。主要呈现以下几个特点。

一是犯罪组织较为稳定，人数较多，有明确的组织者、领导者，骨干成员基本固定，有组织地通过违法犯罪活动或者其他手段获取经济利益。以暴力、威胁或者其他手段，有组织地多次进行违法犯罪活动，或者利用国家工作人员的包庇、纵容，在一定区域或者行业内形成非法控制或重大影响，严重破坏经济、社会秩序。

二是涉黑资金交易常混淆于正常交易中，涉黑犯罪往往与多种犯罪活动相伴而生。部分涉黑犯罪与毒品犯罪等其他犯罪交织，洗钱风险威胁持续时间长，涉及行业链条多且长，隐蔽性强。常借用"夜总会""小贷公司""投资公司"等高风险行业的名义，通过设立实体公司或与实体企业合作实现"产业化"，将非法收入较多混杂于正常交易中，控制和使用公司账户或他人个人账户转移涉黑涉恶资金。

三是洗钱手段逐渐复杂化，非法资金转移和隐匿更为复杂。部分涉黑洗钱分子通过购买房产、车辆等高档消费品、投保巨额保险、投资理财产品再变卖或变更受益人的方式，层层分离资金，将所得款项转入他人账户或直接提现，模糊涉黑非法资金的来源和性质。部分涉黑洗钱分子通过虚构公司交易背景、签订虚假合同、股权代持、投资入股、虚构借贷关系、办理虚假转让协议等方式，掩饰、隐瞒涉黑资金在公司账户之间、公司与个人账户之间、个人与个人账户之间的非法转移。

2. 典型案例

案例10

案件名称		林某等人涉黑洗钱案
本罪	罪名	洗钱罪
	罪犯类型	个人
上游犯罪	罪名	组织、领导、参加黑社会性质组织罪
	罪犯类型	个人
涉及行业或领域		银行业、保险业、土地交易、投资、支付服务业
涉及金融业务		现金、转账、非银行支付、寿险
洗钱方式		银行账户、保险业务、购买或变卖财物、转移股份的方式洗钱
线索来源		公安机关、检察机关

2011年7月以来，谭某某伙同张某某通过虚报注册资本的方式成立多家空壳公司，实施骗取贷款、非法吸收公众存款、高利放贷、信用卡诈骗、合同诈骗等违法犯罪活动，获取巨额经济利益，形成以谭某某、张某某为组织者、领导者，其他多人为参加者的人数众多、层级分明且较为稳定的涉黑犯罪组织。谭某某、张某某利用该组织非法获取的收益购置价格高、易变现的财产，为组织成员实施违法犯罪活动提供资金支持，并有组织地通过林某、段某某、郑某某、白某某、王某、瞿某某等人以提供账户、购买保险、转移股份、变卖房产与汽车等方式转移非法资金，涉黑犯罪与金融犯罪相互交织。经法院审理，判决被告人林某、段某某、郑某某、白某某、王某、瞿某某等人犯洗钱罪，均分别判处有期徒刑五年，并对林某、白某某、王某各处罚金20万元；对段某某、郑某某各处罚金15万元，对瞿某某处罚金10万元。

第三部分
展　望

下一阶段，反洗钱工作将以习近平新时代中国特色社会主义思想为指导，全面贯彻党的二十大、二十届二中及三中全会、中央经济工作会议和中央金融工作会议精神，按照中国人民银行工作会议和总行党委决策部署，坚持稳中求进工作总基调，坚持强监管、防风险、促发展，进一步完善反洗钱法律制度体系，加强反洗钱工作组织协调，全面实施风险为本监管，切实推动打击洗钱犯罪，全力准备迎接FATF第五轮国际评估，进一步发挥反洗钱在建设金融强国和中国特色现代金融体系、推进国家治理体系和治理能力现代化等方面的重要作用。

一是继续完善反洗钱制度体系。继续推进《反洗钱法》修订，配合做好全国人大常委会审议工作。推动《受益所有人信息管理办法》出台，并充分准备，认真做好办法出台后的落实工作。做好《反洗钱法》配套规章的研究起草工作。

二是加强反洗钱工作协调机制建设。推进《反洗钱工作部际联席会议制度》修订工作，在部际联席会议框架下统筹开展反洗钱重点工作，牵头推进国家洗钱和恐怖融资风险评估，开展国家反洗钱战略制定，推动反洗钱工作协作水平再上新台阶。

三是继续提升反洗钱监管有效性。全面开展法人机构洗钱风险监管评估，研究不同监管工具的有效组合，加强现场监管与非现场监管的有机衔接，持续提高监管效能。制定新的监管策略和规划，进一步加强对高风险行业的监管统筹，确定各行业监管重点。继续加强对银行业的监管力度，加强对支付行业的风险识别，集中对高风险业务和涉案机构开展执法检查和监管走访，提高监管威慑，消除风险隐患。发布证券业、保险业监管走访成果，指导行业加速风险为本转型。加强对机构的日常指导，及时总结义务机构洗钱风险自评估工作，督促义务机构完善评估机制与方法，重点提升机构洗钱风险自评估工作实效。及时总结义务机构反洗钱工作的典型问题与良好实践，强化反洗钱监管的事先指导和正向激励。进一步加强部门协作，继续与公安部门合作做好"以案倒查"工作。加强反洗钱监管能力建设，重点提高反洗钱监管统计与风险监测水平，逐步提高反洗钱监管统计和风险监测的数字化水平。

四是稳步推进特定非金融行业反洗钱监管。抓紧出台《贵金属和宝石行业反洗钱从业机构反洗钱和反恐怖融资管理办法》，推进特定非金融行业反洗钱监管制度建设。开展特定非金融行业反洗钱监管工作。

五是持续做好反洗钱资金监测和调查工作。稳妥开放国家反洗钱数据库，提升反洗钱数据使用效率。全面推进反洗钱数据标准化建设，健全反洗钱数据和资金监测规则体系。持续推进反洗钱基础设施建设和监测分析数智化转型。继续推进统计体系建设，加快构架总分行反洗钱监测分析一体化工作格局。在试运行基础上不断优化完善并正式上线运行反洗钱调查电子化平台，提升中国人民银行开展反洗钱调查和跨省协查的时效性。组织中国人民银行各分行开展调研，进一步提升可疑交易线索向案件线索转化的有效性。组织开展年度洗钱类型分析和地下钱庄专题类型分析。

六是进一步做好打击治理洗钱违法犯罪三年行动，保持对洗钱犯罪的整体打击力度不减、劲头不松、标准不降。 会同人民法院、人民检察院、公安机关等成员单位持续推进打击治理洗钱违法犯罪三年行动，始终保持对洗钱犯罪的高压态势。配合做好中央和国家重点专项工作，加强对涉毒涉腐、地下钱庄、非法集资、电信诈骗、网络赌博、涉税犯罪、涉虚拟货币等的可疑交易监测和涉案资金协查工作，加大相关洗钱犯罪线索挖掘力度。进一步调动基层相关部门力量，加大"一案双查"工作力度，力争辖区内打击洗钱犯罪与打击上游犯罪符合风险匹配要求，注重推动大案要案相关洗钱入罪。在中国人民银行机构改革框架下，探索构建市县反洗钱协同机制，推动县域打击洗钱犯罪工作取得新成效。加快洗钱案件统计体系建设，开展近两年打击洗钱犯罪与打击上游犯罪风险匹配度研究，为相关部门决策提供参考。

七是积极推进反洗钱国际合作。 全力做好迎接第五轮反洗钱国际评估准备工作，继续积极参与反洗钱国际治理，继续推动国际反洗钱体系更加包容、平衡发展。务实开展双边反洗钱合作，推进并保持与有关国家和地区的反洗钱沟通交流和金融情报合作。继续培养反洗钱国际人才。

八是继续做好反洗钱基础工作。 加强对反洗钱领域重要问题的专题研究，充分利用现有研究平台，广泛调动各方参与，推动我国反洗钱研究工作再上新台阶。发挥中国人民银行总分行反洗钱宣传培训联动协同效应，聚焦重点工作、围绕关键时点、面向重点人群开展特色宣传培训，切实增强反洗钱宣传培训的针对性和时效性。开展反洗钱调查电子化平台三期项目建设，推进反洗钱业务系统向反洗钱监管电子化工作平台整合。

统计资料

统计资料一　2005—2023年
反洗钱年度检查处罚情况统计

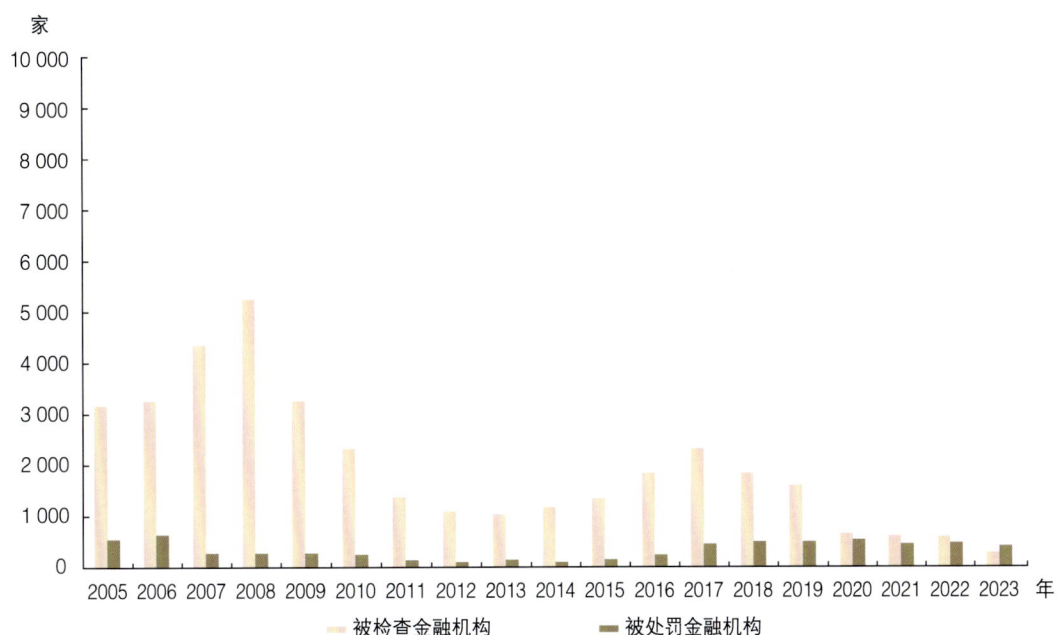

统计资料二　2023年检察机关批捕起诉洗钱犯罪案件统计

罪名	批准逮捕		提起公诉	
	起	人	起	人
洗钱罪	489	687	2 442	2 971
掩饰、隐瞒犯罪所得、犯罪所得收益罪	32 939	48 755	88 266	141 345
窝藏、转移、隐瞒毒品、毒赃罪	12	29	30	42
合计	33 440	49 471	90 738	144 358

统计资料三　2023年司法机关审判洗钱犯罪案件统计

罪名	结案（起）	生效判决人数（人）
洗钱罪	861	1 019
掩饰、隐瞒犯罪所得、犯罪所得收益罪	79 271	128 580
窝藏、转移、隐瞒毒品、毒赃罪	10	59
合计	80 142	129 658

注：以洗钱罪为主罪，不包括自洗钱。

附录

- 附录一　2023年中国反洗钱大事记
- 附录二　2023年反洗钱重要文件一览
- 附录三　FATF指引、类型研究与重要报告摘录

附录一 2023年中国反洗钱大事记

2月

22日至24日，中国人民银行、外交部等相关单位组团视频参加FATF第三十三届第二次全会。会议选举加拿大财政部官员Jeremy Weil担任下一任FATF副主席，任期为2023年7月至2025年6月。会议决定在2024年启动FATF第五轮反洗钱互评估，并通过了第一年7个被评估国的顺序。会议通过FATF建议24（法人的透明度和受益所有权）指引，同意修订建议25（法律安排的透明度和受益所有权）。会议审议通过印度尼西亚和卡塔尔的第四轮反洗钱和反恐怖融资互评估报告。会议更新公开声明，决定将南非和尼日利亚纳入"应加强监控的国家或地区"名单（"灰名单"），将柬埔寨和摩洛哥移出"灰名单"。会议审议通过《打击勒索软件犯罪资金》《艺术品和古董市场中的洗钱和恐怖融资》项目报告，通过虚拟资产及其服务提供商标准执行路线图。

3月

6日，中国人民银行印发《关于2022年银行业金融机构、保险业金融机构、银行卡组织和资金清算中心、信托公司等金融机构反洗钱数据报送情况的通报》《关于2022年证券期货业金融机构反洗钱数据报送情况的通报》，指导报告机构做好反洗钱数据报送工作。

10日，中国人民银行、司法部赴福建莆田对代表性珠宝批发企业、零售企业开展实地调研，并召开特定非金融机构反洗钱工作座谈。会议建议出台配套规章制度，进一步细化特定非金融行业履职要求，持续发布有关特定非金融行业最佳实践案例等指引性材料，提升反洗钱义务履行的基础设施水平。

17日，中国人民银行印发《关于2022年非银行支付机构反洗钱数据报送情况的通报》，指导非银行支付机构做好反洗钱数据报送工作。

6月

4日至9日，中国人民银行、全国人大法工委组团参加EAG第三十八届全会及工作组会议。全会讨论了EAG内部治理、互评估、类型研究和技术援助等30项议题。全会通过了EAG2024年预算、2023年下半年和2024年工作计划，批准独联体金融情报中心理事会观察员资格。全会审议通过哈萨克斯坦和土库曼斯坦互评估报告、塔吉克斯坦第四次后续评估报告以及乌兹别克斯坦第一次后续评估报告。全会讨论通过《欧亚区域洗钱和恐怖融资风险控制措施行动方案执行进展报告》，以及《恐怖分子与极端分子列名除名及资产冻结指引》等类型研究报告。全会期间，中国代表团介绍了我国反洗钱和反恐怖融资法律体系建设经验。

21日至23日，中国人民银行、外交部组团参加FATF第三十三届第三次全会。会议审议了FATF建议8（非营利组织）及其释义修订稿和《打击滥用非营利组织恐怖融资的最佳实践报告》修订稿，并决定公开征求意见。会议讨论了建议4（没收与临时措施）及其释义修订稿。会议审议通过卢森堡第四轮反洗钱和反恐怖融资互评估报告。会议更新公开声明，决定将喀麦隆、克罗地亚和越南纳入"灰名单"。会议修订了第五轮FATF评估方法，讨论了区域性反洗钱组织下一轮评估准备工作。会议审议通过《通过机构间网络追缴犯罪收益》报告。

7月

21日，中国人民银行反洗钱局在山西晋中召开法人金融机构洗钱风险自评估经验交流暨反洗钱工作座谈会，35家法人金融机构参会。中国人民银行反洗钱局副局长、一级巡视员包明友出席会议并讲话。

8月

29日，中国人民银行印发《数字人民币反洗钱和反恐怖融资工作指引》。

31日，为落实行领导在2023年中国人民银行工作会议上的要求，中国反洗钱监测分析中心印发《中国反洗钱监测分析中心关于扩大中小银行可疑交易监测指标优化试点工作的通知》，从中国人民银行分行、报告机构、涉罪类型三个方面扩大中小银行可疑交易监测指标试点工作范围。

9月

20月，国家监察委员会办公厅、最高人民检察院办公厅、公安部办公厅联合印发

《关于在办理贪污贿赂犯罪案件中加强反洗钱协作配合的意见》，就监察机关、检察机关、公安机关在办理贪污贿赂犯罪中切实加强反洗钱协作配合工作提出明确要求，进一步加大办案力度，全面推进打击治理洗钱犯罪，更好地维护国家安全、社会安全和人民群众切身利益。

10月

19日至20日，中国人民银行与公安机关、法院、检察院、税务部门召开打击涉税洗钱犯罪研讨会。会议分析了当前涉税犯罪及相关洗钱犯罪的严峻形势，要求各部门深刻认识打击涉税洗钱犯罪工作的重要意义，落实"一案双查"工作机制，强化情报会商和联合研判，进一步提升可疑交易线索质量，完善案件统计体系，加强协调研究、人员培训和业务指导。

23日至27日，中国人民银行、外交部组团参加FATF第三十三届第四次全会。会议通过中国第四次强化后续报告，决定结束中国本轮评估程序。会议决定印度尼西亚成为FATF第40名正式成员。会议修订建议4（没收与临时措施）和建议38（双边司法协助：冻结和没收）等资产追缴相关标准；修订建议8（非营利组织）；修订建议24（法人的透明度和受益所有权）和建议25（法律安排的透明度和受益所有权）等受益所有权透明度相关评估方法。会议审议通过巴西第四轮反洗钱和反恐怖融资互评估报告。会议更新公开声明，决定将保加利亚纳入"灰名单"，将阿尔巴尼亚、约旦、开曼群岛和巴拿马移出"灰名单"。会议审议通过《网络诈骗非法资金流动》《众筹恐怖融资》《滥用投资移民项目》等类型研究报告。

11月

10日，为建立和完善贵金属和宝石行业反洗钱制度，中国人民银行反洗钱局在上海召开贵金属和宝石行业反洗钱工作会议，中国人民银行及公安部相关司局、上海黄金交易所、中国黄金协会、中国珠宝玉石首饰行业协会及部分贵金属与宝石行业代表机构参会。中国人民银行反洗钱局局长巢克俭出席会议并讲话。

16日，打击治理洗钱违法犯罪三年行动领导小组办公室在北京召开推进会，总结专项行动开展以来取得的工作成效，分析当前反洗钱工作形势，并从修订完善法律制度、加大案件查办力度、加强风险匹配程度、做好洗钱案件统计和实证研究工作等方面规划下一步工作。会议要求各单位切实增强责任感和紧迫感，持续深入开展打击治理洗钱违法犯罪三年行动，为维护国家安全和金融安全提供可靠保障。

29日，中国反洗钱监测分析中心印发《可疑交易报告范例评析》（第三期），为报告机构开展反洗钱监测分析提供经验借鉴参考。

12月

4日至8日，EAG第三十九届全会及工作组会议在海南省三亚市举办。中国人民银行行长潘功胜通过视频方式出席全会开幕式并致辞。中国人民银行原副行长刘国强、海南省政府副省长陈怀宇出席全会开幕式及相关活动。会议通过了新一届EAG主席人选及其任内重点工作，审议了2024年至2028年EAG战略规划及其他议题。中国反洗钱监测分析中心代表参加第十届EAG反洗钱与反恐怖融资政府合作案例竞赛并获得冠军，同时在工作组会议及全会上分享中国金融情报机构与金融机构在模型建设方面的指导互动、大数据基础上的反洗钱监测分析技术有关经验。

5日，国务院批准《受益所有人信息管理办法》并要求择机发布。

18日，反洗钱工作部际联席会议完成《中国洗钱和恐怖融资风险评估报告（2022）》并向有关机构印发。

26日，中国人民银行反洗钱局制定印发《风险为本反洗钱监管指引（试行）》，进一步落实《金融机构反洗钱和反恐怖融资监督管理办法》，建立健全风险为本反洗钱监管机制，强化法人监管、持续监管工作要求，切实提升反洗钱监管有效性。

附录二 2023年反洗钱重要文件一览

编号	发文单位	文件名称	文号	主送单位	发布时间
1	中国人民银行	中国人民银行关于印发《数字人民币反洗钱和反恐怖融资工作指引》的通知	银发〔2023〕169号	中国人民银行上海总部、各省、自治区、直辖市、计划单列市分行	2023-08-29
2	国家监察委员会、最高人民检察院、公安部	国家监察委员会办公厅 最高人民检察院办公厅 公安部办公厅印发《关于在办理贪污贿赂犯罪案件中加强反洗钱协作配合的意见》	最高检办〔2023〕5号	各省、自治区、直辖市监察委员会、人民检察院、公安厅（局），国家监察委员会各派驻机构、派出机构，新疆生产建设兵团监察委员会、人民检察院、公安局，各中管企业、各中管高校监察机构	2023-09-20
3	中国人民银行	中国人民银行反洗钱局关于印发《风险为本反洗钱监管指引（试行）》的通知	银反洗发〔2023〕15号	中国人民银行上海总部金融服务二部、各省、自治区、直辖市、计划单列市分行反洗钱处；上海总部现场检查部检查二处	2023-12-26

附录三　FATF指引、类型研究与重要报告摘录

一、艺术品和古董市场中的洗钱和恐怖融资

2023年2月，FATF发布报告《艺术品和古董市场中的洗钱和恐怖融资》，主要内容如下。

（一）内容介绍和研究目的

2021年全球艺术品和古董销售额约达651亿美元，比上年增长29%。根据联合国毒品和犯罪问题办公室（UNODC）估计，2021年约有63亿美元非法资金通过艺术品市场清洗或与之相关，占当年全球艺术品市场销售总额的10%。艺术品和古董市场的产业规模、商业模式和地域范围分化较大，一些产业分支具有全球化、高价值的特征，易被犯罪集团和恐怖分子利用。本报告主要分析了艺术品和古董涉洗钱和恐怖融资的行业风险、洗钱方式和上游犯罪类型，与文物相关的恐怖融资风险以及面临的挑战，并提供了良好实践。

（二）创新与亮点

1. 艺术品和古董涉洗钱和恐怖融资的行业风险

各类市场和不同类型文物呈现差异化洗钱风险特征。二级交易市场风险较一级市场更为明显。贵重文物的洗钱风险更为突出。

各类艺术品和古董市场参与者面临的风险不尽相同。文物经销商面临现金交易、价值不透明和跨境交易风险，同时文物价格具有主观性和波动性，文物跨境交易具有复杂性。拍卖行存在趋于逐利而忽视交易背景的倾向，一些拍卖行操纵价格或帮助客户掩

盖身份。存放和保管贵重物品的仓储设施存在匿名交易风险。没有规定要求艺术顾问和其他类型的中介报告可疑交易活动。与线下艺术品市场相比，网络市场存在更大的洗钱漏洞。以非同质化代币（NFT）为代表的数字艺术品市场存在一定缺陷，如所有权可转让、交易过程无需转移实物、可能利用NFT平台智能合约漏洞实施盗窃等。目前艺术品金融服务提供商没有义务识别和审查客户交易资金来源的合法性，可能会形成洗钱风险。

2. 洗钱方式和上游犯罪类型

（1）洗钱方式。案例显示，通过文物市场洗钱的非法资金来自贪污贿赂、贩毒、税务犯罪、有组织犯罪等，常见洗钱手法包括利用文物作为转移或隐藏非法收益的工具；大额现金交易；滥用中介、法人或法律安排；定价过低或过高；虚构销售和虚假拍卖。

（2）与艺术品有关的上游犯罪类型。一是伪造。犯罪分子伪造并通过在线平台出售著名艺术家的小众作品，或以真实艺术品的价格为伪造艺术品投保，并以此作为押品从金融机构获得资金。二是欺诈。犯罪分子以不知名艺术家作品假冒知名艺术家的作品，或者隐瞒艺术品的所有权比例，重复向投资者销售。三是盗窃、抢劫和非法销售、运输。犯罪分子通过从私人所有者、博物馆、画廊或其他机构盗窃文物来获得收益。

（3）与文物相关的恐怖融资风险。一是以销售文物获取资金。二是跨国有组织犯罪集团为恐怖融资提供便利。文物来源国通常为伊拉克、叙利亚和中东、非洲或中亚等冲突地区，经过土耳其、伊朗、中国香港等中转，最终到达美国、英国、德国、意大利和加拿大等目的地国。三是既有的走私路线和黑市为恐怖融资提供便利。

（4）存在的问题和国际实践。

存在的问题。在监管方面，文物市场参与者一般没有收集客户身份信息等法定义务，文物市场重视客户隐私和自由交易的行业惯例给发现洗钱和恐怖融资行为带来挑战。由于认识不足、缺少行业专家等因素，即便在规定文物市场参与者反洗钱和反恐怖融资义务的国家，义务机构报告的可疑交易数量仍然很低。在涉文物犯罪调查方面，各国存在一些普遍问题。一是执法部门轻视洗钱和恐怖融资犯罪调查。二是执法部门对文物市场相关风险缺乏了解，缺少文物估值、鉴定、保管等相关专业知识。三是文物贸易的跨境属性为调查带来困难。

国际实践经验。一是金融机构和艺术品市场参与者报送可疑交易报告将有助于打击洗钱和恐怖融资犯罪。二是一些国家专设执法部门调查文物市场的欺诈、伪造、盗窃等犯罪，与外国执法机关开展国际合作。三是尽管FATF建议未对参与文物市场的专业人员提出监管要求，但一些国家和地区已采取监管措施，以管理洗钱和恐怖融资风险，如欧盟将义务主体扩大到艺术品贸易的经营者，英国艺术品市场参与者单笔或累积金额达等值1万欧元（约人民币75 500元）及以上的销售、购买或存储业务均需履行反洗钱和反恐怖融资义务。四是了解市场风险并制订培训计划。五是加强信息交流，建立文物信息数据库。六是对于恐怖融资高风险地区，提高对走私或非法挖掘文物的侦查水平，防止通过出售文物资助恐怖主义。七是充分发挥博物馆在文物保管方面的作用。

二、法人受益所有权指引

2022年3月，FATF通过修订建议24，确定了更为严格的法人透明度（受益所有权）标准，并于2023年3月更新了《法人受益所有权指引》（以下简称《指引》）。

《指引》的主要目的是帮助各国根据修订后的建议24，确定、设计和实施适当的措施，以确保可采取多管齐下的方法，收集和获取充分、准确和最新的受益所有人信息。其主要内容如下。

一是风险为本方法的理解和应用，对各国应关注的法人范围、如何开展法人洗钱风险评估以及根据风险采取缓释措施进行解释和举例说明。

二是对法人基础信息和受益所有权信息类型进行解释，特别说明了受益所有权与法定所有权的区别，并分别介绍了通过所有权和控制权（及其他方式）获得受益所有权的可能情形。

三是说明如何采取多管齐下的方式获取受益所有人信息，对受益所有人登记机制、相关替代机制以及其他补充措施的特点、设计要求以及需要考虑的问题进行了详细阐述；明确多管齐下方法的核心是将法人本身、注册登记部门（或其授权部门）和其他替代机制持有的信息进行充分结合，确保能够快速有效地获取有关法人受益所有人的充分、准确和最新信息。

四是明确信息的充分、准确和最新三大属性同等重要，并对充分、准确和最新的具体内涵，以及可采取哪些方法确保信息充分、准确和最新，进行了详细解释和举例说明。

五是在受益所有人信息的获取和使用方面，针对各国应如何设计制度机制，便利主管部门（尤其是执法部门和金融情报部门）、公共采购部门、金融机构和特定非金融机构等获取受益所有人信息进行解释和指引。

六是对于无记名股票（及无记名股票认股权证）、名义持有安排等其他可能对法人透明度造成阻碍的特殊情况，及其具体内涵进行了详细解释，并结合各国实践说明了可用于防止无记名股票和名义持有安排被洗钱等犯罪活动滥用的强化措施。

七是对各国建立和实施有效的、适当的和具有劝诫性的处罚措施作出具体指导，列举了处罚体系建立过程中需要考虑的核心问题。

八是对国际合作要求进行说明，包括如何与外国主管部门合作以获取其掌握的法人基础信息和受益所有人信息，以及应外国主管部门请求交换自身掌握的相关信息。

九是对其他问题的说明。包括受益所有人义务与其他FATF建议（如有关客户尽职调查要求的建议10、有关电汇业务要求的建议16、有关虚拟资产及其服务商要求的建议15）之间的关系；各国在现有监管制度下对证券交易所、公司服务提供商、律师等主体的监管要求，对法人透明度可能造成的影响。

三、打击勒索软件犯罪资金

2023年3月，FATF发布报告《打击勒索软件犯罪资金》，主要内容如下。

（一）内容介绍和研究目的

近年来，与勒索软件攻击相关的全球资金流动规模大幅增长，新技术提高了攻击的盈利性及实现攻击的可能性。勒索软件攻击可能造成严重后果，威胁国家安全，包括对关键基础设施和服务造成破坏和干扰。本报告是FATF首次专门关注与勒索软件攻击相关的洗钱趋势，分析了勒索软件犯罪分子如何接收、清洗和兑现非法所得，总结了各国在识别、调查、打击与勒索软件有关的资金流动方面的良好实践，并编制了潜在风险指标清单作为附件，提出了建议措施。

（二）创新与亮点

1. 勒索软件犯罪基本情况

（1）勒索软件的定义。勒索软件是一种恶意软件，犯罪分子开发、使用该软件以阻止受害者对数据、系统或网络的访问，同时要求其支付赎金作为交换。攻击通常涉及多种方法，常见方法包括数据加密、数据泄露和破坏受害者操作等。

（2）勒索软件攻击目标。超过一半勒索软件攻击针对政府或公共部门、医疗保健、工业品和服务行业。近年来，攻击还涉及能源、金融、通信和教育机构。大型或中小型组织、个人均可能成为攻击目标。

2. 与勒索软件相关的资金流动

（1）特征和地理趋势。许多勒索软件网络与洗钱风险较高的司法管辖区相关，资金流动规模因地域而异。犯罪分子所处地理位置分散，难以被识别定位。赎金支付几乎都通过虚拟资产进行，具有跨国性。

（2）常用方法。资金流涉及金融机构、虚拟资产服务提供商（VASPs）和第三方。收到赎金要求后，受害者或代表受害者的第三方通过电汇、自动清算所或信用卡将资金转移至虚拟资产服务提供商，购买犯罪分子指定的虚拟资产。第三方包括事件响应公司或网络保险公司。此后，受害者或第三方支付赎金，将赎金从虚拟资产服务提供商托管的钱包发送到犯罪分子的虚拟资产地址。犯罪分子使用技术协助分层，将虚拟资产兑换为法定货币，或将资金长期留在非托管钱包，或用虚拟资产向参与攻击的主体付款。

3. 打击勒索软件洗钱的挑战和良好实践

（1）法律框架。确保对上游犯罪的指控不会削弱追查与勒索软件相关的洗钱犯罪的能力，并加快落实FATF建议15。

（2）监测和报告。一是鼓励非传统反洗钱义务主体进行监测报告。二是鼓励私营部门参与制定和共享预警指标和监测指引。三是鼓励受害者举报勒索软件攻击。四是通过与互联网服务提供商和网络安全部门等的合作获取信息。

（3）金融调查策略。一是与受害者合作获取信息。二是同时运用传统调查技术和虚拟资产专用技术。三是加强资产追回手段。

（4）技能和专业知识。掌握虚拟资产生态系统方面的技术和法律知识，以及网络安全、计算机取证、在线情报和开源平台技术技能等。

（5）国家政策和协调机制。将勒索软件威胁作为国家洗钱风险评估的一部分，建立有效的国内协调机制，同时与私营部门合作并为其提供指导。

（6）国际合作。各司法管辖区虚拟资产的监管差异及VASPs的分布式体系结构带来了挑战。需建立快速的非正式合作渠道，促进双边与多边合作。

4.结论及建议

一是近期全球勒索软件资金流动规模有所增长，但各司法管辖区仍明显缺乏对相关洗钱活动的调查。勒索软件作为跨领域和国际性问题，各司法管辖区需采取协调一致的方法有效应对。为实现这一目标，各司法管辖区应在三个层面利用伙伴关系：公对公伙伴关系、公对私伙伴关系以及与外国司法管辖区和多边组织合作。二是研究表明应加快实施FATF标准，特别是在虚拟资产方面提供一个处理勒索软件非法收益的有效框架。三是虚拟资产被用于清洗勒索软件收益，以及勒索软件犯罪集团采用不断演变的技术，这带来了新的挑战。主管部门应确保法律适用性，配备必要资源，灵活应对不断变化的数字犯罪环境。

四、虚拟资产和虚拟资产服务提供商标准执行情况年度报告

2023年6月，FATF发布《虚拟资产和虚拟资产服务提供商标准执行情况年度报告》，主要内容如下。

（一）内容介绍和研究目的

2019年，FATF将反洗钱和反恐怖融资措施扩展至虚拟资产（VA）和虚拟资产服务提供商（VASPs），以防止犯罪分子和恐怖分子对该行业的滥用。此后，FATF就虚拟资产和虚拟资产服务提供商标准的实施情况进行了三次审查。本报告介绍了各国遵守FATF建议15及其释义的第四次审查情况，以及新出现的风险和市场发展的最新情况，并提出了建议措施。

（二）创新与亮点

1. 各司法管辖区执行FATF建议15的总体进展

一是各司法管辖区建议15的合规情况。从第四轮互评估结果来看，各司法管辖区在执行FATF虚拟资产和虚拟资产服务提供商标准（建议15及其释义）方面的进展有限。截至2023年4月，FATF及FATF类型区域性反洗钱组织（FSRBs）共对98个司法管辖区进行了审查，其中75%的司法管辖区（98个中的73个）仅部分遵守或者木遵守FATF要求。

二是对虚拟资产和虚拟资产服务提供商开展风险评估的情况。在对2023年3月建议15实施情况调查回复的151个司法管辖区中，有超过1/3的司法管辖区（151个中的52个）未开展风险评估。

三是对虚拟资产服务提供商实施反洗钱监管的情况。60%的司法管辖区（151个中的90个）允许虚拟资产使用和虚拟资产服务提供商运营，11%（151个中的16个）禁止虚拟资产服务提供商运营，近1/3（151个中的45个）尚未决定是否以及如何监管虚拟资产服务提供商。

四是"旅行规则"执行情况。各司法管辖区在执行"旅行规则"方面进展有限，这使虚拟资产和虚拟资产服务提供商容易被滥用。根据2023年3月的调查结果，超过一半的司法管辖区（135个中的73个，不包括禁止虚拟资产服务提供商的司法管辖区）未采取任何措施实施"旅行规则"；只有35个司法管辖区通过了"旅行规则"立法，相较2022年的30个，立法进展非常缓慢；此外，在将虚拟资产和虚拟资产服务提供商评估为高风险且未采取任何禁止措施的司法管辖区中，有近2/3（38个司法管辖区中的25个）尚未通过"旅行规则"立法。

2. 挑战

一是虚拟资产相关扩散融资和恐怖融资风险。朝鲜利用钓鱼、勒索软件攻击等手段窃取、敲诈大量虚拟资产，为大规模杀伤性武器和弹道导弹计划筹集资金的趋势有增无减。2017年以来，朝鲜的网络犯罪分子窃取的虚拟资产价值达12亿美元。考虑到资金规模和扩散融资的严重后果，威胁重大。虚拟资产也带来了越来越多的恐怖融资风险，包括被"伊斯兰国"、基地组织和右翼极端主义团体用于筹款。

二是去中心化金融（DeFi）、非托管钱包（包括点对点交易P2P）、非同质化代币（NFT）及相关风险。DeFi、非托管钱包和点对点交易是整个虚拟资产生态系统的一部分，它们会带来洗钱、恐怖融资和扩散融资风险，包括被受制裁者滥用的风险。一些司法管辖区报告了在缓释这些风险方面面临的挑战，包括缺乏可靠和完整的数据、难以识别DeFi安排中应承担虚拟资产服务提供商义务的自然人或法人、难以评估与点对点交易等非托管钱包交易相关的非法金融活动风险。随着虚拟资产生态系统的不断发展，越来越多的虚拟资产服务提供商实施反洗钱和反恐怖融资控制措施，DeFi和点对点交易带来的风险可能会增加。同时，非同质化代币仍构成洗钱及恐怖融资风险。

3. 主要建议

司法管辖区方面，一是开展风险评估并采取控制措施。尚未评估相关风险的司法管辖区应当识别风险并制定风险缓释措施。允许或禁止虚拟资产和虚拟资产服务提供商的司法管辖区应对其开展监管或对违规行为采取处罚等执法行动。鉴于虚拟资产相关恐怖融资和扩散融资威胁的不断加大，各司法管辖区应全面执行建议15，立即采取行动降低风险。此外，各司法管辖区还应评估DeFi、非托管钱包、点对点交易相关的风险，并与FATF全球网络分享经验做法。二是尽快执行"旅行规则"。各司法管辖区应尽快通过"旅行规则"在国内立法，并迅速执行。同时，为了便于根据FATF建议16（电汇）和建议13（代理行业务）对交易对手开展尽职调查，各司法管辖区应维护和公布辖内注册或被许可的虚拟资产服务提供商信息。

虚拟资产服务提供商方面，虚拟资产服务提供商和"旅行规则"合规工具提供商应确保其合规工具完全符合FATF标准要求，并不断提高全球合规工具的互操作性。虚拟资产服务提供商应继续监测和评估整个虚拟资产生态系统风险，根据建议15制定适当的风险识别和控制措施，并采取其他风险为本措施（如网络安全措施），应对与虚拟资产相关的恐怖融资和扩散融资威胁。同时，在必要时与监管部门协商，确保与监管部门形成对风险的一致理解。

五、打击滥用非营利组织恐怖融资的最佳实践报告

2023年11月，FATF发布《打击滥用非营利组织恐怖融资的最佳实践报告》，主要内容如下。

（一）内容介绍和研究目的

非营利组织（Non-Profit Organisation，NPO）在世界经济以及许多国家的经济和社会体系中发挥着重要作用，其开展的活动与政府和私营部门的工作相辅相成，为需要帮助的人提供必要支持。然而，非营利组织也可能被恐怖融资滥用。2023年11月，FATF修订建议8，本报告阐明了建议8的最新要求，帮助各国、非营利组织及金融机构有效地识别、预防和打击恐怖融资对非营利组织的滥用，同时确保合法非营利组织能够无障碍地获得金融服务。

（二）创新与亮点

1. 各国如何防范非营利组织被恐怖融资滥用

一是各国要评估和理解恐怖融资风险。建议8要求各国定期根据FATF定义确定本国非营利组织的范围，以确定其面临的恐怖融资风险性质。二是各国应降低恐怖融资风险。建议8要求各国采取风险为本的方法，制定有针对性、适当的风险缓释措施，并使用所有相关和可靠的信息来源定期审查这些措施。三是各国识别、预防和打击非营利组织被滥用于恐怖融资的有效方法包括向非营利部门和捐助界持续宣教；采取有针对性、适当和风险为本的措施，对非营利组织开展监督或监测；有效的信息收集和调查，以及有效回应国际社会提出的非营利组织信息请求。

2. 非营利组织如何保护自身不被恐怖融资滥用

一是要了解个体层面的恐怖融资风险。二是要建立自律机制。三是要加强内部控制并实施良好的治理措施，包括加强组织的完整性，确认伙伴和捐助者的声誉，确立财务问责制和透明度，以及做好项目规划和监测。

3. 如何确保合法非营利组织获得金融服务

为了确保合法非营利组织能够获得金融服务，国家层面应当：一是采取有针对性、适当和风险为本的措施来应对已识别的恐怖融资风险；二是对合法非营利组织进行宣教，并制定确保合法非营利组织可及时获得资金的公开指南。金融机构层面应当：一是制定政策、控制措施和程序，有效管理和降低识别出的风险；二是加大金融科技和金融产品创新的力度，减少合法非营利组织对现金的依赖。非营利组织及捐助者层面应当：

一是采取内部控制和良好治理措施来保护自身免受恐怖融资滥用；二是可通过实施尽职调查、增强透明度、建立问责制等措施加强治理结构。

4. 下一步工作建议

根据报告结论，FATF建议各国、非营利组织和金融机构采取有针对性、适当和风险为本的措施，保护非营利组织免受恐怖融资滥用。同时，鼓励各国监测这些措施的实施情况，并确保合法非营利组织能够无障碍地获取金融服务。

六、网络诈骗非法资金流动

2023年11月，FATF发布报告《网络诈骗非法资金流动》，主要内容如下。

（一）内容介绍和研究目的

网络诈骗是重大的跨国有组织犯罪，近年来呈现指数级增长趋势，在全球范围内产生巨大影响。此类犯罪不仅会造成重大经济损失，也会侵蚀人们对数字体系的信任。网络诈骗的收益往往被迅速转移到不同国家和地区，数字化创新使网络诈骗的复杂性和规模不断提高，跨国性和复杂性使其成为全球关注的问题。本报告是FATF、埃格蒙特集团（EG）和国际刑警组织（INTERPOL）联合项目成果，旨在加强各国主管部门对网络诈骗威胁和风险的认识。报告讨论了网络诈骗和相关洗钱活动的风险特征及发展趋势，总结了各国打击网络诈骗和相关洗钱活动的良好实践及解决方案，最后提出了网络诈骗风险指标清单及利用协同效应打击网络诈骗和相关洗钱活动的控制措施。

（二）创新与亮点

1. 网络诈骗和相关洗钱活动的犯罪特征及发展趋势

在现金交易逐步减少、数字化程度不断提高、新技术快速发展的全球趋势下，叠加疫情因素，金融活动加速从线下向线上转移。网络诈骗日益成为全球范围内数量增长快、威胁程度高、传播范围广的网络犯罪之一，具有跨国性、有组织性、成员专业性等特征，且常与洗钱、人口贩运、扩散融资等其他形式的犯罪密切相关。当清洗网络诈骗所得款项时，个人"钱骡"、空壳公司，甚至合法公司的账户均可能会被犯罪分子利用，现金交易、伪造单据虚假贸易、虚拟资产汇款等成为犯罪分子常用的洗钱方式。新技术的迅速发展为金融服务数字化转型带来强大动力，同时也提高了犯罪分子的洗钱便利性，扩大了网络诈骗集团的跨境影响。

2.打击网络诈骗和相关洗钱活动的良好实践及解决方案

执法机构打击网络诈骗和相关洗钱活动需以受害者主动报告、金融机构报送可疑交易报告作为识别和分析犯罪的主要信息来源。鉴于网络诈骗的广泛性和跨领域性，不仅需要国内司法、执法、监管、信息通信等部门强有力的协调合作，而且需要具有更强灵活性和时效性的非正式国际多边合作机制。

报告列举的国内合作良好实践及有效执法策略包括适当划分调查犯罪责任，设立专门的反网络诈骗和相关洗钱活动小组，利用新技术加强获取相关信息的速度，以及为有效打击"钱骡"将构成洗钱罪的犯罪意图从"明知"降至"怀疑"。同时，非正式国际合作机制能够提高调查网络诈骗相关工作的有效性，成立跨境联合调查小组（JIT）开展联合执法行动、加强跨境公私部门合作，均可促进信息共享和跨境网络诈骗犯罪追踪。

3.结论和优先行动

随着全球数字化水平的不断提高，预计网络诈骗的规模将不断增长，犯罪分子可能会利用层出不穷的新技术提高网络诈骗和相关洗钱活动的技术水平。各国需要专注于打破"孤岛"状态，加强各部门和实体之间在国内和国际层面的合作。报告的结论指出，各国应更有效地处理网络诈骗和相关洗钱活动的三个优先领域：加强国内协调及公私合作、支持多边国际合作、加强犯罪侦查和预防。

4.网络诈骗风险指标和协同打击网络诈骗及洗钱活动的控制措施

根据FATF等国际组织和私营部门的经验和数据，报告列举了交易模式异常、客户交易附言异常、账户用户身份可疑等网络诈骗风险指标。同时，报告提出了严格履行"了解你的客户"（KYC）流程，使用多种身份验证机制等网络诈骗控制措施，以发挥打击网络诈骗及洗钱活动的协同效应。

七、滥用投资移民项目报告

2023年11月，FATF和经济合作与发展组织（OECD）联合发布《滥用投资移民项目》报告，主要内容如下。

（一）内容介绍和研究目的

近年来，投资移民项目已迅速发展为一个规模达数十亿美元的全球性产业，不法分子滥用其清洗、隐瞒犯罪所得或实施犯罪活动的风险也在增加。报告全面审查了与投资移民项目相关的洗钱和其他金融犯罪及腐败与税务方面的风险，并针对已知的风险漏洞提出建议。

（二）创新与亮点

1. 投资移民项目的基本情况

（1）投资移民的定义。投资移民指通过对东道国（开展投资移民项目、接受投资移民的司法管辖区，下同）经济进行投资，有效购买该国公民身份或居留权的移民类型，包括投资入籍与投资居留。前者指申请人完全或主要通过金融投资获得东道国的公民身份，对申请人的实际居住时间无要求；后者指申请人通过某种类型的金融投资获得在东道国的居住资格，部分东道国要求实际居留应达到一定时长，需经单独程序才可获得公民身份。

（2）投资移民的办理程序。一是预申请。申请人在正式申请之前与营销代理、移民中介和金融机构或财富经理接触，评估自身是否符合相关要求。二是申请受理。移民当局通常依托独立职能部门或机构负责履行投资移民项目管理，或纳入传统的移民项目流程。三是申请批准后的评估审查。移民当局会在需要时对已批准的投资居留申请人进行审查和重新评估，部分金融情报中心和尽职调查机构也会进行持续评估。

2. 投资移民项目存在的洗钱及其他相关风险

（1）洗钱威胁。犯罪分子通过投资移民项目清洗非法资金，获取公民或居留身份，并滥用获得的身份进一步从事犯罪活动。当存在以下情况时，投资移民项目可能被滥用：一是政府或第三方服务提供商进行的审查极少或薄弱；二是对获得公民身份的个人的监测或尽职调查薄弱，使其能够开立新的银行账户和成立公司；三是暂停或吊销护照的程序不足以应对护照持有人风险状况的变化；四是投资移民项目管理的透明度、问责制、监督管理不足；五是申请人有机会逃避追捕和防止资产追回；六是公共和私营部门之间缺乏信息共享。同时，项目还面临以下挑战和后果：一是身份"洗白"，通过投资移民项目获得多重身份。二是对申请人的审查不充分。三是逃避追捕和阻碍资产没收。四是公共部门与私营部门的利益冲突。五是获得公民身份或居留权后实施犯罪。六是纠正措施不足。

（2）其他金融犯罪风险。一是利用投资移民项目实施诈骗。二是非法资金转移，即通过非正规渠道实现跨机构资金转移。三是虚拟资产相关风险，帮助规避申请人母国虚拟资产有关规定，使用合法、更改后的身份进入虚拟资产交易市场。

（3）相关的腐败和税务风险。一是腐败问题。项目设计环节易面临隐藏腐败资金、避免没收和起诉，或贿赂公职人员加快移民项目办理进程等腐败风险，中介机构的参与会加剧风险；项目实施环节，由于公共部门审查困难，内部控制、内部审计和协调合作缺位，私营部门利益冲突，难以保证移民项目正常运行。二是东道国的整体性风险和声誉风险。经济效益难以实现，或项目滥用也会影响东道国国际声誉和信誉；与免签证旅行区和自由旅行区相关的风险，滥用移民项目进入第三国可能导致免签旅行政策暂停，甚至损害国际关系、破坏超国家协议。三是税收透明度。投资移民项目可能被滥用于隐藏离岸资产、规避共同申报准则（CRS）的税务申报。

3. 主要建议

报告基于各国和地区的最佳实践、FATF与公共部门的咨询讨论及滥用投资移民项目的信息，提供了降低风险的建议。各国和地区应在政府层面就投资移民项目的设计、实施和监督建立整体、协调的机制，确保项目相关财政收入作为公共资金进入国家预算，并做好项目相关投资的监督管理。一是落实责任与强化监督。二是确保充分的审查措施。三是加强持续监测的措施。四是纠正措施，应明确对项目中虚假或误导性陈述的处罚规定，以便在需要时可采取有效的纠正措施（如停用、撤销和召回护照等）。五是其他措施，如个人身份证件注明投资入籍、采取强化尽职调查等，以及针对腐败、税收等风险的特定措施，缓释移民项目风险的有关措施。

八、通过机构间网络追缴犯罪收益报告

2023年11月，FATF发布《通过机构间网络追缴犯罪收益》报告，主要内容如下。

（一）内容介绍和研究目的

资产追缴机构间网络（Asset Recovery Inter-Agency Networks，ARINs）为资产追缴过程中的非正式协助提供便利，包括资产识别、追踪、扣押、冻结、没收和返还工作。尽管资产追缴机构间网络发挥着重要作用，政策制定者往往对其性质及贡献缺乏明确的认识。资金追缴机构间网络的使用也并非系统性的，全球只有少数调查得到了这些网络的支持。报告旨在对资产追缴机构间网络进行广泛的评审，涵盖其全球影响、作用、管理、挑战以及与其他国际组织的合作。报告确定了可能改进实践、强化绩效监测和加强与国际组织合作的领域。

（二）创新与亮点

1.资产追缴机构间网络基本情况

（1）全球覆盖范围。近年来，资产追缴机构间网络的地理覆盖范围不断扩大，成员国数量和网络数量也在增加。区域网络目前覆盖西欧、北美、亚太、加勒比海、东非、拉丁美洲、中非和东欧。

（2）角色与职责。资产追缴机构间网络是执法机构的联络协调员。其秘书处保障利益相关方之间的顺畅交流。其不仅是非正式的信息交换点，在更广泛的国际合作中也发挥着重要作用，并为调查的正式信息交换提供了框架。

2.资产追缴机构间网络面临的挑战

（1）治理模式。由于缺乏强制机制，资产追缴机构间网络及其成员国无法要求各国对国际请求作出及时和高质量的回应。

（2）秘书处能力。语言和文化障碍妨碍了资产追缴机构间网络内部成员国之间的合作，更妨碍了不同网络之间的合作。部分网络无法维护最新的网站与空间，尤其是秘书处规模较小的网络。大多数网络无法访问供成员国安全交换信息的门户网站。

（3）融资与投资回报。资金往往受限，通常不足以完成更广泛的任务，包括额外的网络建设、培训和案件协助。

（4）数据收集与绩效报告。在系统性地收集数据以衡量绩效以及记录或报告促进信息交换的成果方面存在挑战。

（5）信息交换的法律与制度障碍。通常无法保证相关信息能以有效方式交换并用于起诉程序，包括没收程序。

（6）与其他国际组织的合作。有数个国际组织积极参与了以资产追缴、反腐败、跨境正式和非正式合作为重点的众多倡议。这创造了一个具有挑战性的协调环境，存在更高的重叠风险和协调差异。

3. 资产追缴机构间网络与FATF全球网络的关系

在某些情况下，资产追缴机构间网络会参加区域性反洗钱组织的全会或工作组会。随着其作用和影响得到更多认可，其参与度有所提高。另外，FATF建议技术合规性和有效性的评估方法涉及国际合作和资产追缴，主要体现在直接目标2（国际合作）与直接目标8（没收犯罪工具或收益）。因此，有效性评估结果可能受到一个国家参与和使用资产追缴网络的影响。

4. 结论

报告详细描述了资产追缴机构间网络及相关的全球国际合作体系，揭示了相关资产追缴网络面临的诸多挑战，尤其是资源和资金、治理、绩效报告以及与活跃在资产追缴领域的其他国际组织的关系等方面。资产追缴机构间网络、各国、FATF全球网络面临的资产追缴挑战并非无法战胜。全球政策界，包括FATF全球网络，可以通过加强与资产追缴机构间网络的合作，继续为加强全球资产追缴行动作出贡献。为实现这一目标，强烈鼓励政策制定者在共同努力以改进资产追缴和没收的全球体系时，将本报告作为重要的参考文件，为下一步工作提供指导。